VERA KOSOVA, WOLFGANG FUHL, ARTUR ABRAMOVYCH (Hrsg.)

Was Juden zur AfD treibt

VERA KOSOVA, WOLFGANG FUHL, ARTUR ABRAMOVYCH (Hrsg.)

Was Juden zur AfD treibt

Neues Judentum und neuer Konservatismus
Jüdische Stimmen aus Deutschland

Titelbild: Bar Kochba, Plastik von Henryk Glicenstein (1905).
Eretz Israel Museum, Tel Aviv.

1. Auflage 2019

© Copyright dieser Ausgabe by
Gerhard Hess Verlag, 88427 Bad Schussenried
www.gerhard-hess-verlag.de

Printed in Europe

ISBN 978-3-87336-656-5

VERA KOSOVA, WOLFGANG FUHL, ARTUR ABRAMOVYCH (Hrsg.)

Was Juden zur AfD treibt

Neues Judentum und neuer Konservatismus
Jüdische Stimmen aus Deutschland

Mit Gastbeiträgen von
Orit Arfa, *Boaz HaEtzni* und *Daniel Pipes*

GHV EDITION
ZEITGESCHICHTE

INHALT

I. LAGE

II. DEFEKTE

III. BESTÄNDE

BOAZ HAETZNI

Religion und Geopolitik

Über die maßgebliche Bedeutung Judäas und Samarias
für Israel und Europa

Seite 115

EPILOG

ARTUR ABRAMOVYCH

Zionismus und Deutschtum

Über die Möglichkeit neuer Allianzen

Seite 127

ANHANG

Grußwort

ERIKA STEINBACH

Vorsitzende der Desiderius-Erasmus-Stiftung e.V.

Seit vielen Jahren begleite ich die jüdischen Anliegen in Deutschland mit Empathie. Ob als Mitglied der Deutsch-Israelischen Gesellschaft oder früher als Schirmherrin der WIZO in Frankfurt a.M. Als Stadtverordnete habe ich erlebt, dass es dem damaligen Oberbürgermeister Walter Wallmann und dessen seinerzeitigem Büroleiter Dr. Alexander Gauland ein Anliegen war, überlebende Frankfurter Juden Jahr für Jahr in ihre alte Heimatstadt Frankfurt einzuladen und zu ehren. Dabei gab es zahlreiche berührende Momente, die mir unvergesslich sind. Zugleich weckte es in mir die Hoffnung, dass Antisemitismus in Deutschland langsam aber sicher zu einer Marginalie wird.

Niemals, niemals habe ich mir vorstellen können, dass es heute wieder Bereiche in Deutschland gibt, in denen Juden unverhohlen beschimpft, beleidigt und auf offener Straße am helllichten Tage zudem körperlich angegriffen werden.

Niemals habe ich mir vorstellen können, dass jüdische Kinder in unseren Schulen drangsaliert, gedemütigt und misshandelt werden und Lehrer davor zu häufig die Augen verschließen.

Und niemals habe ich mir vorstellen können, dass vor dem Brandenburger Tor in Berlin eine Israelflagge unter Grölen öffentlich verbrannt werden kann.

Berichte darüber beschweigen zu häufig Ursachen und Täter. Es wird wohl beklagt, dass der Antisemitismus zugenommen habe.

Aber Ross und Reiter zu benennen, verweigert man zumeist. Dabei ist für jeden, der es sehen will, eines überdeutlich:

Mit der Massenzuwanderung aus muslimischen Ländern hat sich ein hassvoller, zerstörerischer Antisemitismus zusätzlich zu dem vorhandenen linksextremen und rechtsextremen Antisemitismus in Deutschland angesiedelt. Beunruhigend ist dabei, dass linksextreme und muslimische Antisemiten teils Hand in Hand agieren.

Erkennbar ist zudem seit Jahren, dass in einem erschreckenden Ausmaß bereits hier aufgewachsene muslimische Kinder offenkundig mit dem Gift des Antisemitismus durch ihre Elternhäuser beeinflusst sind. Offen finden muslimische Schüler Hitler super und machen keinerlei Hehl aus ihrem Hass gegen Israel.

Das dürfen wir nicht indolent einfach zulassen, sondern müssen die Stimme dagegen erheben.

Es bedrückt mich, dass es zunehmend auch unter den Juden in Deutschland Überlegungen gibt, das Land zu verlassen. Das aber wäre ein großer Verlust für unser Land.

Jüdisches Leben gibt es im Bereich Deutschlands seit mehr als 1.700 Jahren. Es gab Blütezeiten und auch immer wieder Verfolgungen bis hin zum Holocaust.

Juden sind aber durch die Jahrhunderte elementarer Teil unserer Geistes- und Kulturgeschichte. Ich möchte nicht auf Felix Mendelssohn Bartholdy, auf Heinrich Heine oder Albert Einstein verzichten.

Deshalb begrüße ich sehr, dass sich Juden in der AfD zusammengefunden haben und damit deutlich machen, dass sie nicht an Auswanderung denken, sondern dieses Land politisch mitgestalten wollen und es den antisemitischen Kräften nicht kampflos überlassen werden.

Grußwort

BEATRIX VON STORCH MdB

Stellv. Fraktionsvorsitzende im Bundestag
Mitglied des Bundesvorstandes

Mir persönlich war es sehr wichtig, dass die AfD im Bundestag von Anfang an eine eigene Agenda im Kampf gegen den Antisemitismus verfolgte. Ihre erste Fraktionsveranstaltung anlässlich des Holocaust-Gedenktages haben wir dem Thema Antisemitismus gewidmet. Die AfD hat durch Befragungen die zuvor weitgehend verheimlichte deutsche Finanzierung des Palästinenser-Hilfswerks UNRWA offengelegt und diese Unterstützung des Judenhasses im Nahen Osten scharf kritisiert.

Unsere Fraktion hat darüber hinaus Anträge zum Verbot der antisemitischen BDS-Bewegung und der Terrororganisation Hisbollah eingebracht.

Die AfD befindet sich damit ganz auf einer Linie mit anderen rechtskonservativen Parteien im Westen. Donald Trump hat Jerusalem als Hauptstadt anerkannt und die Gelder für die UNRWA gekürzt. In Österreich war es die FPÖ, die die Verlegung der Botschaft nach Jerusalem forderte und nur am Widerstand der ÖVP scheiterte. Italiens Innenminister Salvini, mit dessen Partei die AfD im EU-Parlament eine Fraktion bildet, erklärte: „Ich verspreche all meinen Einsatz zur Unterstützung von Israels Recht auf Sicherheit."

Die mitunter von mir persönlich begleitete Gründung der *JAfD* und ihre breite Unterstützung durch die AfD hat deutlich gemacht, dass wir die politische Heimat für die konservativen, euroskeptischen und islamkritischen Juden in Deutschland sind. Die *Juden in der AfD* bauen Brücken in die jüdischen Gemeinden, wie die *Christen in der AfD* in die christlichen Kirchen. Gemeinsam stehen wir Seite an Seite gegen die Islamisierung unseres Landes, für ein Europa der Vaterländer und für die traditionelle Familie.

Ich wünsche den *Juden in der AfD* viel Erfolg bei ihrer nicht immer einfachen Aufgabe und glaube, dass dieser Sammelband einen weiteren Schritt in diese Richtung darstellt.

Grußwort

JOACHIM KUHS MdEP

Vorsitzender der Bundesvereinigung
Christen in der AfD (ChrAfD)
Mitglied des Bundesvorstandes

Juden sind seit vielen Jahrhunderten ein wichtiger Bestandteil Deutschlands. Nicht nur Heinrich Heine und Albert Einstein, sondern auch Sigmund Freud und Felix Mendelssohn Bartholdy hatten jüdische Vorfahren und leisteten durch ihr Schaffen enorme Beiträge für Kultur, Kunst, Wissenschaft und die allgemeine Wohlfahrt.

Ganz in dieser Tradition sehe ich die *Juden in der AfD*. Sie erkennen die Zeichen der Zeit ohne Schönfärberei und sind bereit, mit Gottes Hilfe aktiv zu handeln, – auch wenn dies massenmedialen Gegenwind und Ächtung durch diejenigen bedeutet, die es sich unter den momentanen Umständen bequem gemacht haben.

Angesichts bedenklicher Entwicklungen wie Islamisierung durch demografische Schieflage und Massenmigration, Abschaffung der naturgegebenen Familie, Zwangsetablierung der Gender-Ideologie und der Zurückdrängung freiheitlicher Grundrechte sind beherzte Menschen, die sich zusammentun und organisieren, wichtiger denn je.

Wie in den christlichen Kirchen, wo Problemerkennung, Wahrnehmung und Lösungsansätze zwischen ‚einfachen Gläubigen‘ und oberer Kirchenhierarchie immer weiter auseinanderklaffen, bzw. bei Zweiteren kaum vorhanden sein dürften, ist auch bei meinen

13

Freunden jüdischen Glaubens eine immer größer werdende Diskrepanz zwischen jenen zu erkennen, die mit beiden Füßen im Leben stehen, und jenen, die sich in falscher elitärer Manier eingerichtet haben und die derzeit bedrohlicher werdende Wirklichkeit für Juden in Deutschland nicht sehen wollen.

Diese Parallelen, beispielsweise zwischen dem Zentralkomitee der deutschen Katholiken, dem Evangelischen Kirchentag und dem Zentralrat der Juden in Deutschland, sollen uns Ansporn sein, laut zu werden, – so wie die Autoren der überaus gelungenen Beiträge dieses Buches ihre jüdische Stimme aus Deutschland erheben.

Ich bedanke mich bei den Autoren dieses Buches für die vergangenheitsbezogene und zukunftsweisende Ausleuchtung wichtiger Themen für Deutschland und Europa herzlichst für ihre Arbeit und ihr gutes Beispiel und appelliere an alle Leser: Wir müssen gemeinsam an einer guten Zukunft Deutschlands und Europas arbeiten. Wenn Sie, geehrter Leser, in Ihrer Familie, an Ihrem Arbeitsplatz und in Ihrem Umfeld Zeugnis geben und für Ihre Meinung einstehen – so wie die Autoren dieses Buches, Politiker der Alternative für Deutschland und viele andere Menschen guten Willens es tun –, so ist mir um unsere Zukunft nicht bange.

Ich möchte allen Lesern höchste Wertschätzung zollen, die bereits aktiv sind, die durch das Lesen dieses Buches noch aktiver werden, sowie all jenen, denen das Lesen dieses Buches inneren Antrieb, Mut und Kraft gibt, Gemeinde, Medien, Gesellschaft und Politik mitzugestalten.

Ich wünsche Ihnen und Ihren Verwandten, Freunden und Bekannten, denen Sie das Buch nach getaner Lektüre weiterreichen mögen, viel Freude und interessante Erkenntnismomente.

Grußwort

ANDREAS KALBITZ MdL

**Landes- und Fraktionsvorsitzender
der AfD Brandenburg
Mitglied des Bundesvorstandes**

Meine ganz persönliche „Initialzündung" zur Auseinandersetzung mit der Ambivalenz des Verhältnisses der Deutschen zum Judentum, seiner ganzen Wechselhaftigkeit, dem kulturgeschichtlichen, mehr Neben- als Miteinander, in Konstellationen sehr unterschiedlicher Tolerierung, aber auch der Untrennbarkeit einer eng verwobenen gemeinsamen Geschichte bis zur großen tödlichen Tragödie des 20. Jahrhunderts war für mich als Jugendlicher die Lektüre des Buches *Feldpostbriefe jüdischer Frontsoldaten 1914-1918* mit einem Geleitwort des damaligen Verteidigungsministers Franz Josef Strauß, dem der Verdienst gebührt, mit der Aufarbeitung dieses weitestgehend wenig beachteten Teils der deutsch-jüdischen Geschichte auch einen wichtigen Beitrag zur „Rehabilitierung" 90.000 deutscher Frontsoldaten jüdischen Glaubens im I. Weltkrieg, von denen 12.000 fielen, geleistet zu haben. Ich wollte wissen, wer diese zumeist jungen Menschen waren, die diese Opfer gebracht hatten, aber einer Gesellschaft entstammten, die durchaus von einer antisemitischen Grundlatenz geprägt war. Dies öffnete mir den Blick auf ein konservatives Bürgertum, deutsch und jüdisch zugleich, mit all seinen Blüten in Kultur und Wissenschaft, das mit dem singulären Kulturbruch des Holocaust nicht nur physisch, sondern auch als soziokulturelles Phänomen vernichtet wurde. Würde eine Anknüpfung daran jemals möglich sein? Sicher nein. Weil sich Geschichte eben nie linear wiederholt, manche Brüche unheilbar sind und auch Konservativismus durch Nostalgisierung und die Illusion linearer Übertrag- und Wiederholbarkeit von Geschichte oder ihren Teilen, nichts anderes wäre als eine Mischung aus Ignoranz und Beschränktheit und damit politisch ebenso unverantwortlich wie gefährlich. Und so ist unser aller Zeit und Geschichte voran geschritten. Und so wird auch in der Zukunft eine verantwortungsvolle Gestaltung nur durch jene wertkonservativen Konstanten stabilisierend erfolgen können, die bei aller – aktuell mehr denn je – nötigen dynamischen Veränderung keine neuen ideologisch motivierten „Menschenheitsbeglückungsexperimente" zulassen, die in Negation der Geschichte, ihrer Dynamiken und der Erfahrungen im Ergebnis nichts anderes bedeuten würden, als eine Anknüpfung an die politische Katastrophenparade des 20. Jahrhunderts. Ein solches Experiment vollzieht sich aktuell auch mit der Entwicklung der vergangenen Jahre im Zuge der massenhaften Zuwanderung vornehmlich moslemischer Migranten, womit die gesellschaftliche Entwicklung eine völlig neue Wendung genommen hat, auch in der gefährlichen Vitalisierung antisemitischer Tendenzen. Die Missachtung der Relevanz kultureller und religiöser Prägung und Konditionierung war und ist den Befürwortern unbegrenzter und unkontrollierter Zuwanderung entweder nicht bewusst oder im sträflichen Sinne egal. Das Ergebnis ist eine in Deutschland in dieser Intensität neue Qualität migrantischen Antisemitismus, der stetig zunimmt als Pendant eines weitestgehend, wenn auch nicht völlig niedergerungenen, Antisemitismus in der deutschen Ursprungsbevölkerung.

Für die deutsche Gesellschaft seit 1945 tradierte Rezepte sind zur Bekämpfung dieser neuen Form eines in vielen islamischen Sozialisierungen Einzelner tief verwurzelten Antisemitismus untauglich. Diese Herausforderung wird aktuell politisch verkannt oder unterschätzt und erfordert unser Handeln.

Den Mitgliedern jüdischen Glaubens in der Alternative für Deutschland gebührt besondere Anerkennung für das ständige und persönliche Spannungsverhältnis, in dem sie sich durch mannigfaltige Anfeindung verschiedener Seiten befinden. Und durch ihr Bekenntnis, dass sie an eine Zukunft jüdischen Lebens in Deutschland als Teil einer gemeinsamen Geschichte trotz allem glauben.

So mag dieses Buch dazu beitragen, in der unendlichen Geschichte ein neues Kapitel zwischen Deutschen jüdischen, christlichen und überwiegend ja inzwischen „Nicht"-Glaubens aufzuschlagen, ohne die anderen Kapitel vergessen oder marginalisieren zu wollen: Eine rote Linie der Verantwortung aus dem kulturgeschichtlichen und ethisch-moralischen Erkenntnisgewinn gemeinsamer Geschichte als Baustein einer gemeinsamen Zukunft in Vergegenwärtigung neuer Herausforderungen und auch Bedrohungen.

Vorwort

VERA KOSOVA

Nichts in der Geschichte des Lebens ist beständiger als der Wandel, stellte der englische Evolutionsforscher Charles Darwin fest. Dies trifft auch auf Völker, Nationen und Kulturen zu. Unzählige sind im Laufe der Epochen aufgestiegen und wieder untergegangen. Doch ein Volk, das wie kaum ein anderes immer und immer wieder an Unterdrückung und Verfolgung zu leiden hatte, existiert nach wie vor. Es ist das zahlenmäßig stets so kleine Volk der Juden, das doch so großen Einfluss auf die Menschheitsgeschichte genommen hat. Von wem wird es heute verfolgt? In wem sollte es Partner finden? Und was können diese Partner von ihm lernen?

Diese und viele andere Themen fanden den Weg in das vorliegende Buch, das mit der großartigen Unterstützung unserer Parteifreunde, und zwar nicht nur derjeniger, die dankenswerterweise ein Grußwort beisteuerten, sondern unzähliger weiterer, die nicht einzeln aufzuführen sind, verwirklicht werden konnte. Das darin enthaltene breite Spektrum an Denkanstößen haben wir unseren engagierten Autoren zu verdanken.

Auch in der langen Geschichte des jüdischen Volkes findet sich ein beständiger Wandel. Die letzten 70 Jahre jüdischen Lebens in Deutschland etwa waren sehr stark durch die Aufarbeitung des Holocausts und einen engagierten Wiederaufbau des jüdischen Lebens geprägt. Durch die Einwanderung von Juden aus der ehemaligen Sowjetunion in den 1990er-Jahren erfuhr unsere Gemeinschaft einen starken Aufschwung und erhielt neue

Facetten. Soziokulturell sowjetisch geprägt und daher in weiten Teilen zwangssäkularisiert, stellt diese Gruppe heute die Mehrheit der Juden in Deutschland. Nach den Leiden unter der kommunistischen Diktatur ihrer ehemaligen sowjetischen Heimatländer sehnen sie sich zutiefst nach Sicherheit und geistiger Freiheit.

Doch leider wird ihnen diese auch im heutigen Deutschland immer mehr verwehrt. Die Synagogen und jüdischen Einrichtungen brauchen mittlerweile Polizeischutz. Security gehört zur Standardausstattung. Felix Klein, Antisemitismusbeauftragter der Bundesregierung, sowie der Zentralrat der Juden in Deutschland verweisen auf ein persönliches Sicherheitsrisiko, das mit dem Tragen jüdischer Religionssymbole in der Öffentlichkeit einhergehe. „Nie wieder Opfer" haben sich die Juden der Nachkriegszeit geschworen. Die Zustände werden jedoch immer schwerer zu ertragen und sind eines angeblich freien demokratischen Landes wie Deutschland unwürdig. Und das liegt nicht an von manchen linken Kreisen herbeifantasierten Neonazi-Horden, die den bundesweit geführten „Kampf gegen rechts" legitimieren sollen, der etlichen Berufslinken den Lebensunterhalt finanziert.

Man könnte meinen, dass die jüdischen Deutschen geeint seien. Mitnichten ist dies der Fall. Die jüdische Gesellschaft in Deutschland ist gespalten und zerrissen, und der Zentralrat der Juden trägt entschieden dazu bei. Er will dem politischen und medialen Mainstream folgen, ohne Rücksicht auf Verluste. Inbrünstig gedenkt das offizielle Deutschland unter Einbeziehung des Zentralrats der toten Juden der Nazizeit, doch wenig Interesse besteht an der Wahrnehmung der Belange und Sorgen der heute hierzulande lebenden. Diese Heuchelei ist für uns schwer zu ertragen.

Es ist nahezu unmöglich, in Deutschland als Jude ein ganz normaler Mensch und Mitbürger zu sein, insbesondere aufgrund der exzessiv gelebten Erinnerungskultur, die unseren Alltag unverhältnismäßig dominiert. Das Judentum ist aber nicht gleich *Shoah*. Das Judentum ist eine ethnokulturelle Gemeinschaft mit einer religiös verankerten Identität. Es hat eine 5.000 Jahre alte Geschichte. Diese Gemeinschaft brachte viele Söhne und Töchter hervor, die die Ansichten und Denkentwürfe der gesamten Menschheit nachhaltig beeinflussten. Auf diese starken Wurzeln unserer Kultur und Identität müssen wir uns wieder besinnen, um daraus Kraft zu schöpfen für die Gestaltung unserer Zukunft.

Ich lebe seit über 20 Jahren in Deutschland. Meine Familie stammt aus Usbekistan und musste das Land verlassen, weil es nach dem Zusammenbruch der Sowjetunion islamisiert wurde. Ich möchte nicht, dass meinen Kindern dasselbe Schicksal bevorsteht wie mir. Mein Sohn ist vier Jahre alt, meine Tochter 18 Monate. Was wird aus meiner neuen Heimat in 20 Jahren werden? Wie wird Deutschland 2039 aussehen? Fragen über Fragen und Sorgen, die eine Mutter umtreiben.

Judenverfolgung und Judenhass gehen oft mit Krisenzeiten einer Gesellschaft einher. Die Mehrheitsbevölkerung sucht gerne Sündenböcke, und viel zu häufig muss die jüdische Minderheit dafür herhalten. Man muss kein Prophet sein, um vorauszusehen, dass auch die Bundesrepublik wirtschaftlich schweren Zeiten entgegensieht, wofür die Regierungspolitik der letzten Jahrzehnte maßgeblich verantwortlich ist. Die Überdehnung der EU, die längst noch nicht bewältigte Finanzkrise, die unausgegorene Energiewende, die irrationale Klimareligion, in deren Folge der industrielle Unterbau unserer Wirtschaft zerstört wird, der Niedergang des einst so vorbildlichen Bildungswesens sowie die in

das bundesdeutsche Sozialsystem vonstattengehende Massenzuwanderung beruflich kaum integrierbarer Menschen lassen wenig
Hoffnung darauf aufkommen, dass die guten Jahre des Bundesrepublik noch lange währen werden. Die deutsche Gesellschaft wird
immer heterogener werden. Sie wird zunehmend von Spannungen geprägt sein, die mit einem Verlust von Solidarität einherge-
hen werden. Werden es dann wieder die Juden sein, die man für
die Misere verantwortlich machen wird?

Das vorliegende Buch kann keine endgültigen Antworten lie-
fern. Aber es hilft dabei, diejenigen deutschen Juden zu verstehen,
die gegen den Strom schwimmen. Mit dem Strom schwimmen
bekanntlich die toten Fische, die irgendeinem fatalen Ereignis
zum Opfer gefallen sind. Und Opfer sein, das wollen wir nie
wieder.

Mitglieder des Vorstands
der Bundesvereinigung Juden in der AfD e.V.

Vorsitzende
DR. VERA KOSOVA
KV Esslingen

Stellv. Vorsitzender
WOLFGANG FUHL
KV Lörrach

Stellv. Vorsitzender
ARTUR ABRAMOVYCH
KV Bamberg

Schatzmeister
JOSEF KANEWSKI
KV Amberg-Neumarkt

Beisitzer
EMANUEL BERNHARD KRAUSKOPF
BV Berlin-Reinickendorf

Einleitung

ARTUR ABRAMOVYCH

„Das konnte bedeuten, daß Du darauf bestandest, nur gerade das Judentum, wie Du es mir in meiner Kinderzeit gezeigt hattest, sei das einzig Richtige, darüber hinaus gebe es nichts. Aber daß Du darauf bestehen solltest, war doch kaum denkbar. Dann aber konnte der „Ekel" [...] nur bedeuten, daß Du unbewußt die Schwäche Deines Judentums [...] anerkanntest, auf keine Weise daran erinnert werden wolltest und auf alle Erinnerungen mit offenem Hasse antwortetest."

Franz Kafka, Brief an den Vater

Mit dem in unserem Fall titelspendenden „neuen Judentum", das Kafka dem alten seines Vaters gegenüberstellt, ist ein solches gemeint, das Antworten zu finden sucht auf die Herausforderungen, mit denen Judentum und insbesondere deutsches Judentum sich heute konfrontiert sieht. Naturgemäß handelt es sich nicht mehr um die Herausforderungen etwa von vor 100 Jahren.

Einerseits leidet das Judentum nicht mehr an einem Mangel an Zusammengehörigkeitsgefühl, da die Erfahrung der *Shoah* die Fragilität jüdischen Lebens verdeutlichte und dazu beitrug, dass die Notwendigkeit des Erhalts jüdischer Tradition nur noch selten hinterfragt wird. Die kurz darauf gelungene Staatsgründung Israels stellte zudem unter Beweis, dass das Judentum nicht zwangsläufig Minderheit zu sein hat. Andererseits beginnt seit etwa der Jahrtausendwende der Wandel der islamischen Welt zunehmend auch in Europa vernehmbar zu sein. Der Islamismus als Widerstandsbewegung gegen den Westen stellt zwar überall dort, wo er sich ausbreitet, eine existentielle Bedrohung für sämtliche nichtmuslimische Gemeinschaften dar, zuallererst aber für jüdisches Leben. Durch die islamische Masseneinwanderung nach Europa wird diese Problematik auch hier virulent.

Der repressive ‚Vater' wäre in unserem Fall demnach das jüdische Establishment, allem voran der Zentralrat der Juden in Deutschland, der nicht gewillt ist, sich den neuen Herausforderungen zu stellen, sie weitgehend ignoriert und einen jeden Juden, der seinem Beispiel zu folgen nicht gewillt ist, nach Kräften zum Schweigen zu bringen sucht. Unser Sammelband will mithin als Beitrag zu der längst überfälligen Auseinandersetzung über diese neuen Herausforderungen verstanden werden und soll das Deutungsmonopol des Zentralrates in seine Schranken verweisen.

Unsere Autoren gehören mehreren verschiedenen Generationen an und entstammen unterschiedlichen Kulturkreisen, unterschiedlichen Ausprägungen jüdischen Lebens. Sie sind zwischen 1949 und 1996 zur Welt gekommen. Mehrere von ihnen wanderten aus der ehemaligen Sowjetunion ein und kennen daher die unter kommunistischen Diktaturen herrschenden Zustände aus erster Hand. Andere sind Nachfahren alteingesessener jüdischer Deutscher, und manche stammen sogar aus mehrheitlich muslimischen Gesellschaften. Dadurch hoffen wir, imstande zu sein, ein möglichst breitgefächertes Bild heutigen jüdischen Lebens in Deutschland zu bieten. Was die Autoren eint, ist dabei vor allem die Überzeugung davon, dass auf die neuen Herausforderungen nicht bloß die alten Antworten gegeben werden können; die Zugänge der einzelnen Autoren aber sind teilweise gänzlich unterschiedlich. Um das entstehende Bild zu vervollständigen, haben wir zudem drei Gastbeiträge jüdischer Autoren aus den USA und Israel gewinnen können.

Die Beiträge zu unserem Sammelband sind drei thematischen Gruppen zugeteilt. Die erste Gruppe umfasst Texte, die eine Zustandsbeschreibung unternehmen oder zu der Befähigung einer solchen beitragen wollen. Es steht bei ihnen vor allem die Frage nach dem Ursprung heutigen Antisemitismus im Raum. Entgegen sämtlichen Beteuerungen der politischen *haute volée* handelt es sich dabei nicht etwa um den seit Jahrzehnten rückläufigen rechten Antisemitsmus, sondern zum einen um den linken Antizionismus und zum anderen um den islamischen Judenhass. Unser Mitglied ALEXANDER BERESOWSKI erzählt im ersten Beitrag von den Erfahrungen, die er, damals Redakteur eines linksalternativen Radiosenders, im Anschluss an den Anschlag auf das *World Trade Center* als Jude in Freiburg i. Br., einer der linksextremistischen Hochburgen der Republik, machen musste. Einen Bogen zu dem vonseiten des linken Mainstreams weitgehend ignorierten staatlichen Antisemitismus der Sowjetunion schlägt unser dort aufgewachsenes Fördermitglied OLLIE WEKSLER. Formal aus dem Rahmen fällt der humorvolle Beitrag unseres Mitglieds MARCEL HIRSCH, der selbst in der Türkei aufwuchs und den islamischen Judenhass am Beispiel dieses Landes expliziert, indem er einen prototypischen Türken zu Wort kommen lässt. Die Verbindung, die zwischen der politischen Linken und dem Islam in Bezug auf das Judentum besteht, behandelt schließlich unser Vorstandsmitglied EMANUEL BERNHARD KRAUSKOPF, dessen Beitrag das erste Kapitel beschließt.

Eine zweite Herausforderung stellen die Feindzeugen in den eigenen Reihen dar, auf die sich die Feinde des Judentums nur allzu gern berufen. Theodor Lessing beschrieb den Selbsthass bekanntlich als ein charakteristisch jüdisches Phänomen. Zwar erweckte die Entwicklung der vergangenen Jahrzehnte den Anschein, das Judentum habe diesen Selbsthass überwunden; und zahlreiche deutsche Rechtsintellektuelle glaubten, dass nunmehr ihr eigenes Volk diese Bürde zu tragen habe. Mag diese Einschätzung auch weitgehend zutreffen, verhält es sich doch so, dass der Selbsthass nach wie vor auch in den Reihen von Juden zu finden ist, etwa im seit einem halben Jahrzehnt äußerst enttäuschend agierenden Zentralrat, über den unser stellvertretender Vorsitzender WOLFGANG FUHL schreibt, der selbst über Jahre hinweg, bevor ihn sein Weg zur AfD führte, als Zentralratsfunktionär tätig gewesen war. Ein hier mit freundlicher Genehmigung des Autors abgedruckter Essay des renommierten US-amerikanischen Islamwissenschaftlers DANIEL PIPES unternimmt den Versuch, eine in diesem Zusammenhang in jüngster Zeit zunehmend deutlicher werdende Dichotomie zwischen der Diaspora und dem jüdischen Staat zu erörtern.

3. Der dritte Teil schließlich handelt von jüdischen Traditionen, die der politischen Linken ein Dorn im Auge sind und die von ihr daher weitgehend unterschlagen werden. Einer der Mitbegründer unserer Bundesvereinigung, DIMITRI SCHULZ MdL, der selbst kürzlich Vater geworden ist, meditiert über die der Heiligen Schrift inhärente Bedeutung von Elternschaft. Die US-amerikanisch-israelische Journalistin ORIT ARFA überließ uns freundlicherweise einen Vortrag, den sie im Juni 2019 auf Einladung der AfD Hamburg hielt und in dem sie den Versuch unternimmt, die Erfahrungen der inzwischen weitgehend hegemonialen politischen Rechten in Israel für Deutschland nutzbar zu machen. Eigens für dieses Buch entstand zudem, mitten in Judäa, dem Herzstück jüdischen Bodens, der Beitrag des israelischen Publizisten und Siedleraktivisten BOAZ HAETZNI über das angestammte

Land der Juden und die Gründe, aus denen auch Europa daran interessiert sein sollte, es nicht in fremde Hände fallen zu lassen.

Den Sammelband beschließt ein Epilog unseres stellvertretenden Vorsitzenden ARTUR ABRAMOVYCH, der die gegenwärtige Situation des Judentums unter allen obgenannten Gesichtspunkten nachzuzeichnen und die Adäquanz einer Allianz zwischen der europäischen Rechten und dem Judentum darzulegen sucht.

Im Anhang finden sich Grundsatzerklärung und bisherige Positionspapiere unserer Bundesvereinigung.

I. LAGE

ALEXANDER BERESOWSKI

Schadenfreude und Appeasement

Über Antisemitismus in westdeutschen Medien und der Friedensbewegung am Beispiel Freiburg

Freiburger, die ihre Mittagspause am 11. September 2001 genau wie ich in einem der Restaurants auf der Kaiser-Josef-Straße verbringen, stehen von ihren Tischen auf und laufen mit ungläubigem Gesichtsausdruck zum Schaufenster des nebenliegenden Fernsehladens. Einer der berühmten Zwillingstürme des *World Trade Centers* brennt. In diesem Moment fliegt noch ein Flugzeug in den zweiten Turm hinein.

Wir hören keine Kommentare vor dem Schaufenster; die Freiburger schweigen bedrückt. Beide Zwillingstürme kollabieren vor unseren erstaunten Augen. Es läuft eine Sondersendung unter dem Titel „Attacke gegen Amerika".

Ich gehe zurück zum *Radio Dreyeckland*. Bald soll meine Sendung *Radio Shalom* beginnen. Statt vorbereiteter Beiträge über Klezmer-Musik sende ich Trauermelodien und bekunde meine Bestürzung über den Tod Hunderter von Menschen. Die erste Kollegin, die mich auf meine Sendung anspricht, sagt: „Ich lasse mir nicht vorschreiben, um wen ich zu trauern habe!"

Es kommen im Minutentakt Artikel und Meldungen von zumeist linken Journalisten, die die islamistischen Verbrechen relativieren. Eine bekannte Journalistin versendet eine Rundmail, in der sie bestreitet, dass es in der arabischen und muslimischen Welt (unter anderem bei ‚Palästinensern') als Reaktion auf den

Terroranschlag Kundgebungen der Freude mit dem traditionellen Verteilen von Süßigkeiten gegeben hat. Eine andere Rundmail gipfelt in der Behauptung, dass es keine Juden im *World Trade Center* gegeben habe, weil sie vorgewarnt worden seien. (Später, als die Namen der Opfer im Beisein der Familienmitglieder verlesen werden, ist klar, dass das eine infame Lüge ist und dutzende Menschen jüdischen Glaubens zusammen mit anderen Amerikanern ihren grausamen Tod in den Ruinen gefunden haben.)

In Freiburg beginnen am ersten Wochenende nach dem Terroranschlag die Friedensdemonstrationen. Ich beobachte, wie junge Schüler und Studenten auf der Ladefläche eines Lastwagens die amerikanische Flagge verbrennen.

Der Redner bei der Friedensdemonstration, auch ein Journalist von *Radio Dreyeckland*, nennt in seinem Redebeitrag nur den amerikanischen Außenminister Henry Kissinger und Madeleine Albright als Verantwortliche für die „aggressive amerikanische Politik". Auch Israels Schuld, angebliche Massenmorde an ‚Palästinensern' und die Zerstörung arabischer Olivenhaine und Orangenbäume dürfen in den Redebeiträgen als vermeintliche Ursache für den islamistischen Massenmord nicht fehlen.

Ich beschließe, einen Artikel über „Antisemitismus in der Friedensbewegung" zu schreiben und in dem Monatsblatt des freien *Radio Dreyeckland* zu publizieren. Das geschieht auch gegen den Widerstand meiner linken Journalistenkollegen.

Was im Anschluss daran geschieht, könnte man heute als *Shitstorm* bezeichnen. Die linken Gutmenschen fühlen sich in ihren Grundrechten fundamental angegriffen. Ein linker Journalist sagt mir ins Gesicht: „Ich lasse es nicht zu, dass meine Meinung zu Israel diffamiert und es mir verboten wird, sie zu äußern!" (Obwohl ich dies natürlich nirgendwo propagiert habe). Ein anderer fragt: „Hat es der Bubis dir erlaubt, diesen Artikel zu veröffentlichen? "

Ich war damals als hauptamtlicher Koordinator der Redaktionen in anderen Sprachen angestellt. Schon kurz vor dem Erscheinen meines Artikels, als ich meine neue Sendung *Radio Shalom* gegründet hatte, begann das Mobbing seitens der Mitglieder der türkischen, kurdischen, persischen, eritreischen und arabischen Redaktionen. Jene, die andere Menschen gerne als Rassisten bezeichnen, wenn man ihnen widerspricht, begannen offen mit ihren rassistischen und antisemitischen Anfeindungen. Und die meisten meiner linken deutschen Journalistenkollegen nahmen das gleichgültig hin. Bemerkenswerter waren „antideutsche Kommunisten", die bei diesem Spiel nicht mitmachten; aber sie waren und sind eine kleine, unbedeutende Minderheit im Vergleich zur Mainstream-Linken (insbesondere Antikolonialisten und Autonomen), die selbst gerne die Rassisten- und Nazikarte ausspielt.

Vielleicht war es eine schlechte Idee, eine Redaktion namens *Radio Shalom* zu gründen, die über jüdische Kultur, Religion und Musik berichtete. Das war mein Outing, wie es heutzutage für jeden Juden ein Outing ist, die *Kippah* zu tragen. Vielleicht würde ich noch bis heute bei einem eher grün-linken bis linksextremistischen freien *Radio Dreyeckland* arbeiten, wenn ich diese ernüchternden Erfahrungen nicht hätte machen müssen.

So berichtete ich bei *Radio Shalom* etwa über den Vorfall in Duisburg, wo eine Wohnung von der Polizei rechtswidrig aufgebrochen worden war, nur weil im Fenster eine kleine israelische Flagge geklebt hatte: statt die Wohnung vor aufgebrachten muslimischen Demonstranten zu schützen, war die Unantastbarkeit der Wohnung verletzt worden. Oder wie eine kleine pro-israelische Demonstration von Linken und Muslimen angegriffen und eine israelische Flagge verbrannt wurde. Oder über den arabischen Judenhass seit den Zeiten des Großmuftis von Jerusalem bis Arafat. Diese faktenbasierte Berichterstattung bezeichneten internationalistische Linke im *Radio Dreyeckland* und ihre dankbaren Zuhörer als Hetze.

Aber das Leben bei *Radio Dreyeckland* nahm seinen gewohnten Lauf. Erst jetzt merke ich, dass ein jeder in der Redaktion des „freien" *Radio Dreyeckland*, der die Freiheit des Wortes, liberale oder konservative Ansichten offen äußerte, keine Chance mehr bekam, in hauptamtlichen Leitungsgremien zu verbleiben. Genauso ergeht es heute den letzten konservativen Journalisten wie Matthias Matussek, Michael Klonovsky und Nicolaus Fest, die von ihren Redaktionen ausgebeutet, weggeekelt oder entlassen werden. Die Erhebungen haben aufgezeigt, dass 80 % der deutschen Journalisten dem grün-rot-dunkelroten Lager zuzurechnen sind. Nach dem langen Marsch durch die Institutionen haben sie fast alle liberalen und konservativen Mitglieder der Redaktionskollegien hinausgedrängt und insbesondere bei öffentlich-rechtlichen Medien, aber auch bei lokalen Monopolzeitungen und überregionalen Meinungsmachern überproportional die Oberhand gewonnen. Auch die Mitglieder des *Radio Dreyeckland* und anderer „freier" Radios in Deutschland wechselten im Verlauf dieser zwanzig Jahre zu „Qualitätsmedien". Heute geben sie in Redaktionsstuben des öffentlich-rechtlichen Fernsehens und der Monopolistenzeitungen den Ton an. Die „freien" Radios entpuppen sich als Medien, die frei von konservativen und liberalen Meinungen geworden sind.

Alles, was in Deutschland heute Mainstream ist, war vor zwanzig Jahren eine extrem linke Minderheitenmeinung. Redakteure des *Radio Dreyeckland* beteiligten sich an Kampagnen wie „Kein Mensch ist illegal". Heutzutage ist dies Regierungsposition, die zum Extremen ausgeweitet ist. Damals ist die Agenda 2010 der

Nachhaltigkeit aufgekommen, die nur linken Minderheiten bekannt war. Heute, infolge des grünen Medienhypes, ist es erzwungene Regierungspolitik.

Es wurde vom *Radio Dreyeckland* zu dieser Zeit ein EU-Projekt angezapft, das mehrere Hunderttausend Euro ohne erkennbaren Nutzen für die Öffentlichkeit verschlang. Es genügt offenbar, die bürokratische Sprache und die Gepflogenheiten der EU zu kennen, um Millionen an Steuergeldern verschleudern zu dürfen. Das veränderte damals meine Sicht auf die EU völlig. Als dann später eine EU-kritische Partei gegründet wurde, zögerte ich keine Sekunde davor, der AfD beizutreten.

Es gab damals zwei Fraktionen bei *Radio Dreyeckland*. Eine radikalere lehnte den Staat völlig ab und wollte alle Geldmittel, die vom selbigen kamen, verweigern. Die andere, etwas größere, wollte den verhassten Staat solange melken, bis er in ihrem Sinn beeinflusst würde. So wurden die Mittel der Landesanstalt für Kommunikation (LfK), Projekte von Stiftungen und der EU für die heutige „Willkommenspolitik" strapaziert.

Ich erinnere mich, wie Mitglieder der Redaktionen von *Radio Dreyeckland* zusammen mit anderen Linksextremen eine Veranstaltung des CDU-Kreisverbands mit dem damaligen baden-württembergischen Innenminister Thomas Schäuble sprengten. Es wurde geschrien, gepfiffen, die Bühne wurde besetzt und CDU-Mitglieder als Nazis, Rassisten und Faschisten tituliert. Dieser Nötigung wurde nicht standgehalten, die CDUler riefen die Polizei nicht und brachen die Veranstaltung stattdessen ab. Heute sind die CDUler heilfroh darüber, dass es eine Partei wie die AfD gibt und sie nicht mehr angegriffen, beschimpft und bedroht werden.

Auch beteiligten sich Mitglieder der Redaktionen von *Radio Dreyeckland* bei den Angriffen auf den *Marsch des Lebens*.

Konservative Christen, Lebensschützer und Familien gehen zum Augustinerplatz, wo sie ihr legitimes Anliegen (u. a. gegen die exzessive Abtreibungswut) vorbringen wollen. Sie werden auf allen Seiten von der aggressiven Linken und Mitgliedern der LGTB-Community umzingelt und müssen von Hundertschaften der Polizei geschützt werden. Auch das sollte ich fünfzehn Jahre später am eigenen Leib erfahren, als die Demonstrationen von Gegnern des Bildungsplans in Stuttgart vor Hunderten aggressiver linksextremer Gegendemonstranten geschützt werden mussten.

Und die Menschen mit solch intoleranten Lebenseinstellungen stellen heute die überwältigende Mehrheit der Journalisten dar. Auch die Monopolisten in Freiburg, wie die *Badische Zeitung*, gifteten solange gegen die aufkommende kostenlose und liberal-konservative Konkurrenz, bis sie vom Markt verschwand.

So stehen wir heute vor der Situation, dass die ‚Qualitätszeitungen‘ nur Lebensqualität für die festen Redaktionsmitglieder bereitstellen. Die Mittel der Recherche werden nicht etwa gegen die Regierung, sondern fast ausschließlich gegen die einzige Oppositionspartei eingesetzt. Oder wann haben Sie zuletzt von einem handfesten Skandal betreffend die ranghöchsten Regierungsmitglieder gehört?

So sind die Konservativen zunehmend gezwungen, auf alternative, vor allem soziale Medien auszuweichen.

Auch die Alternative für Deutschland ging diesen Weg. Nicht in Freiburg und auch nicht andernorts in Deutschland kann die AfD auch nur annähernd auf die Neutralität der Massenmedien hoffen. Auch hier gilt es, dem linken Medienorkan zu trotzen. Und vielleicht auch ins Auge des Orkans zu gehen, wo es dann bekanntlich am ruhigsten ist, und die eigene Agenda mit dem Mut zur Wahrheit zu verfolgen.

OLLIE WEKSLER

Veni und Vidi

Über Parallelen zwischen
sowjetischem und deutschem Antisemitismus

Ich war Ende 20, als ich nach Deutschland kam, verstand vom hiesigen Leben nur Bahnhof, auf Deutsch konnte ich nur ein Paar Standardsätze bzw. Propaganda-Klischees aus sowjetischen Kriegsfilmen wie „Hände hoch!" und „Hitlerrr kaputt!" Trotzdem war ich sehr optimistisch, was mein weiteres Leben in Deutschland anbelangte. Ich war doch immerhin aus einer hässlichen Diktatur gekommen, die ich seit jeher von ganzem Herzen gehasst hatte, schon als ich 13 Jahre alt gewesen war.

Europa und Amerika waren schon immer unsere Fetische gewesen, verlockende Schlaraffenländer, dort sollten doch prosperierende und rechtsstaatliche Demokratien mit hochzufriedenen Bürgern wie im Paradies blühen. Meine finsteren Erlebnisse aus dem früheren Leben mit ständigen autoritären, bürokratischen und antisemitischen Auswüchsen, wo ich für freie Reden immer wieder Maulkörbe erhalten hatte, denunziert und bestraft, einmal sogar aus der Uni geworfen worden war, ließen sich doch ganz bestimmt nicht mehr wiederholen! Nach der Denazifizierung habe Deutschland viel dazugelernt, nun laufe es weiter wie geschmiert, dachte ich mir.

Aber je länger ich in Deutschland lebte, desto mehr stellte ich mit Erstaunen fest, dass etwas nicht stimmte. Meinungsfreiheit gibt es so gut wie gar keine, einen Rechtstaat gibt es nur bedingt, stattdessen aber viele Tabus, und die meisten Leute haben immer Angst davor, etwas Falsches zu sagen. Meine Arbeitskollegen führen gar keine politischen Gespräche und verziehen schwermütig die Gesichter, wenn sie so etwas hören. Sind es mündige Bürger?

Aber das war nur der Anfang. Vor allem war ich sehr überrascht davon, wie offen man im völlig von linksgrünen Clowns gekaperten Fernsehen und in der Presse mit ihrem starken islamophilen Faible Israel hasst und ihm alles Mögliche anlastet. Die Diffamierung von Juden und des Staates Israel ist bei öffentlich-rechtlichen, aber auch bei privaten Sendern die tägliche Norm. Es gibt praktisch keine Nachrichtensendung über Israel, in der das Land nicht von Anfang an angeprangert würde. Alle anderen Länder interessieren den *newsmaker* so gut wie gar nicht. Der kollektive Jude namens Israel ist immer an allem schuld, nur Amerikaphobie kann diesen Antiisraelismus noch übertreffen. Die Ajatollah-Diktatur ist immer ein unschuldiges Opfer Amerikas und Israels, und die armen ‚Palästinenser‘ sowieso. Wenn sie morden, dann zurecht, wegen der ‚Besatzung‘. Die bösen, bösen Juden besetzen ja bekanntermaßen Judäa, zu dem sie gar keine Beziehung haben können noch dürfen. Dass sie dort zumeist geboren wurden und seit 3100 Jahren leben, dabei seit ca. 150 Jahren wieder in Massen, spielt keine Rolle, es muss ja gerechtigkeitshalber wieder so wie im Jahre 1850 aussehen, als das Land leer, versumpft und verwüstet war. Die ‚Flüchtlinge‘ dürfen sich überall in Europa ansiedeln, wo sie nur wollen, die Juden in Judäa nicht, so die Logik.

Das alles kannte ich schon aus dem sowjetischen Fernsehen, in dem Land, wo in den 60ern die PLO gegründet und das ‚palästinensische Volk‘ erfunden, wo Arafat und Abbas samt ihrer Truppe in den KGB-Ausbildungslagern zu Terroristen ausgebildet worden waren. Die ehemaligen DDR-Bürger kannten es auch aus der *Aktuellen Kamera*, aber hier war es noch viel heftiger! Eine Hetzkampagne jagte die andere, was für Ungeheuer der Menschheit aus Netanyahu, Bush, Orban, Kwaśniewski und nun Trump gemacht wurden, eigentlich aber aus allem, was rechts von Che Guevara steht, erinnerte mich stark an die Dissidentenverfolgung und die schlimmsten Hetzkampagnen der UdSSR, ebenso Verschwörungstheorien über den 11. September und andere Geschehnisse. Jede Nachrichtensendung trieb mich auf die Palme, beim Lesen fragte ich mich immer wieder stutzend, ob das vorliegende Presseorgan wirklich *Der Spiegel* (dessen Besitzer J. Augstein mittlerweile völlig verdient seinen Ehrenplatz auf der weltweiten Antisemitenliste des *Wiesenthal Center* eingenommen hat) oder *Süddeutsche* heißt und nicht etwa *Prawda* oder gar *Der Stürmer* oder *Der völkische Beobachter*. An jedem Kiosk konnte man damals auch die offen neonazistische *Nationalzeitung* kaufen; das tat ich ab und zu, um mir ein Bild zu machen, aber einen sonderlich großen Unterschied zu den ‚Qualitätsmedien' konnte ich bei dem braunen Schmierblatt leider nicht entdecken, bis heute nicht: sie werden einander im Gegenteil immer ähnlicher, zumindest in Sachen Israel.

Ich merkte, dass es in diesem unseren Land kaum eine unabhängige oder zumindest abweichende Presse gibt und schon gar kein Fernsehen, egal ob ÖR- oder ‚privat', nur gleichgeschaltete Hofpresse und Hofglotze mit Einheitsbrei-Mainstream-Meinungen, sonst nichts. Die beiden Teile des ‚privaten' Fernsehens (mehr gibt's nicht) werden derzeit von zwei Duzfreundinnen Merkels, Frida Springer und Liz Mohn, sowie von der fürchterlichen Bertelsmann-Stiftung geleitet; wobei man immer bedenken muss, dass die Mohns und alle übrigen Bertelsmänner zu den Zeiten Hitlers nicht nur exklusive *Mein Kampf*-Verleger, sondern auch eingefleischte Nazi-Propagandisten waren, genauso wie DuMont

& Co., deren Nachkommen nun unzählige SPD-Zeitungen verlegen und dabei auch Israel bekämpfen. Das Haus DuMont besitzt sogar Anteile an der israelisch-antijüdischen *HaAretz*, die aus offen linksextremistischen Positionen heraus israelische Regierungen nach dem Muster der ARD und des ZDF angreift und russische Juden rassistisch beleidigt; und diese Zeitung wird in der deutschen Presse wiederum als praktisch einzige israelische Quelle zitiert, obwohl die Auftraggeber zum Teil in Köln sitzen.

Ein genauso faules Spiel wird mit unzähligen antijüdischen und aus Deutschland und Europa mit Millionen an Steuergeldern (inklusive meiner eigenen, ohne dass ich gefragt worden wäre, ob ich bei diesen judenfeindlichen Spielchen mitmachen wolle) finanzierten NGOs in Israel betrieben. Sie verleumden Israel auf ganzer Linie, genau wie vom Auftraggeber verlangt, und anschließend werden ihre ‚Ergebnisse' als „unabhängige jüdische Stimmen" in der deutschen Presse zitiert. Das Spiel ist übrigens uralt, europäische Antisemiten hielten sich schon immer ‚jüdische Zeugen' und andere Hofjuden, die den übrigen Juden Brunnenvergiftungen und Ritualmorde unterstellten.

Dieses abgekartete Spiel wird besonders gerne von der SPD getrieben, die ganz offiziell die Terrororganisation Fatah zu ihrem strategischen Partner erklärte. Daher überraschte es mich überhaupt nicht, als Sigmar Gabriel einen Skandal verursachte, indem er sich bei seinem Israelbesuch unbedingt mit diesen selbsthassenden Antisemiten und ‚jüdischen Zeugen' von *Breaking the Silence* und *BeTselem* treffen wollte, und auch nicht, als Martin Schulz so begeistert darüber war, dass der Doktor der Holocaustleugnung und KGB-Agent Mahmud Abbas im EU-Parlament über jüdische Brunnenvergiftungen im Europaparlament fabulierte. Ich bin von diesen Staatsmännern nichts anderes gewohnt und weiß, dass sie immer bereit sind, jede noch so absurde antiisraelische Resolution mitzuzeichnen, wie sie es schon seit vielen, vielen Jahren systematisch tun.

Ich weiß: Würde das Schicksal Israels von den Merkels, Gabriels, Nahles', Schulz' und Westerwellen dieser Welt abhängen und ihre hochgeschätzten Ratschläge vonseiten Israels angenommen, gäbe es schon lange keinen jüdischen Staat mehr. Unzählige deutsche Politiker wurden vom KGB engagiert und unzählige deutsche Vereine von Kommunisten bezahlt, was besonders deutlich zu sehen ist an der Deutschen Friedensgesellschaft – Verband der KriegsdienstgegnerInnen (DFG-VK). Es ist bewiesen und sogar von der DFG-VK selbst eingestanden, dass dieser ach so friedlichen Gesellschaft und anderen Teilen der gekauften ‚Friedensbewegung' enorme finanzielle Zuwendungen (in Höhe von Hunderten Millionen DM) vonseiten der DKP, der SED, des KGB und der Stasi zugeflossen waren. Inzwischen wurden aber zahlreiche der Aktivisten und Funktionäre der DFG-VK und ehemalige KGB-Agenten zu einflussreichen Politikern und Personen des öffentlichen Lebens, darunter z. B. Andreas Zumach, Petra Kelly und die ehemalige Ratsvorsitzende der Evangelischen Kirche in Deutschland, Margot Käßmann. Als alte Kaltkrieger auf der russisch-kommunistischen Seite haben sie wohl noch von diesen Zeiten her ein Faible für die Kreml-Klienten aus der PLO und anderen Terrororganisationen. Andreas Zumach engagiert sich im Beirat des Vereins „Bündnis zur Beendigung der israelischen Besatzung" und Käßmann verspürt viel Zärtlichkeit sogar für die Taliban. Zudem stehen viele ehemalige Kommunisten und Maoisten in Amt und Würden wie z. B. aktuell Steinmeier und Kretschmann. *von der Bellen*

Je mehr ich all diese hässlichen Auswüchse beobachtete, desto mehr begann ich zu bezweifeln, ob ich tatsächlich dem kommunistischen Reich entflohen und im hochgelobten Kapitalismus angekommen sei.

Die Deutschen selbst empfand ich zwar als sehr sympathisch, hilfsbereit und fleißig, zugleich aber als ein götzen- und glotzen-gläubiges archaisches Volk mit erstaunlichen, von oben verab-reichten Ersatzreligionen wie den Zeugen der Klima-Apokalypse der heiligen Greta. Am schlimmsten fand ich jedoch diese extrem lügnerische Presse, den herrschenden öffentlichen Diskurs der linken Sklaverei, erst danach kamen die feigen Politiker, die un-sägliche Angst vor dieser Presse haben und artig nach ihrer Pfeife tanzen. Echte Helden für diese Presse und Filmemacher waren und sind RAF-Terroristen, die von Stasi und KGB finanzierten und geleiteten Mörder; und die beste Partei waren für sie schon immer die Grünen, d.h. die Reste von SDS, RAF-Sympathisan-ten, KPD, DKP, der von der Sowjetunion aus geleiteten ‚Frie-densbewegung' und der Pädophilen-Gruppen.

Der Höhepunkt war für mich damals, im Jahre 1998, jener Auf-stieg zum Außenminister und Vizekanzler, der „Joschka" Fischer, dem ehemaligen Terroristen, Arafat-Bewunderer und Anführer der ‚Revolutionären Zellen' und des ‚Revolutionären Kampfes' gelang, nachdem er höchstselbst und mit freundlicher Unterstüt-zung seines besten Freundes H.-J. Klein, eines Mitstreiters von Carlos, dem Schakal, mindestens zwei Polizisten zu Krüppeln gemacht hatte. Dass der ehemalige Anwalt Baaders und Horst Mahlers und nachmalige Putin- und *Gazprom*-Lobbyist Gerhard Schröder zum Kanzler wurde und der ehemalige RAF-Sympathi-sant und Ensslin-Anwalt Schily zum Innenminister, rundete für mich das Bild der neuen Führungsriege des Landes ab. Damit konnte sich die ganze RAF-Vorfeld- und Unterstützerszene sehr gut an der Macht vertreten fühlen.

Das kümmerte in diesem Land aber nur wenige wirklich, die Presse und die Glotze schon gar nicht. Erstaunlich für das krankhaft moralistische Land, wo jede unglückliche Aussage, sogar ein Kompliment für eine Frau, das Natürlichste auf der Welt, so extrem kriminalisiert wird.

Ein weiteres Erlebnis war für mich die jahrzehntelang vor dem Kölner Dom betriebene antisemitische Vernissage des Hamas-Lobbyisten Walter Herrmann, wo etwa auf einem Plakat ein ekelerregender, hinterlistiger und blutrünstiger Jude mit Hakennase in Lebensgröße ganz im Stile von *Stürmer*-Karikaturen ,Palästinenser' mit Messer und Gabel verspeiste. Dutzende Male musste ich es mitansehen, wie dieser immer betrunkene Linksnazi seine Besucher umarmte und ihnen etwas über die bösen Juden erzählte. Und natürlich gab es für den Kölner Filz angeblich gar keine Möglichkeit, den schon immer arbeitslosen, alkoholabhängigen, aber im Penthouse wohnenden Antisemiten von diesem weltberühmten Platz zu vertreiben, obwohl er ihn gar nicht angemietet hatte. Alle von Gerd Buurmann und von Pro Köln organisierten Unterschriften-Kampagnen und Proteste waren umsonst; die Kölner Bürgermeister, die katholische Kirche und die Dom-Führung, die jede Demonstration gegen *Taharrusch* oder die Verletzung der Frauenrechte im Islam mit Trillerpfeifen und Stromabschaltungen bekämpfen, protegierten den inzwischen verstorbenen Hamas-Lobbyisten viel zu gerne. Im Jahre 1998 erhielten Hermann und die anderen Beteiligten der zutiefst antisemitischen Kölner „Klagemauer" sogar den Aachener Friedenspreis, der übrigens von der SPD, den Grünen, der Linkspartei und Kirchenorganisationen vergeben wird.

Gleich danach kamen für mich noch drei Höhepunkte: Die Verharmlosung des ungeheuerlichen 11. September 2001 mit fast 3000 Opfern und der zweiten Intifada mitsamt heftigsten

Anprangerungen der israelischen Reaktionen sowie die offen antisemitische Wahlkampagne des arabischen Lobbyisten und Antisemiten Jürgen Möllemann, den Guido Westerwelle gewähren ließ.

Es war übrigens derselbe Westerwelle, der einige Jahre später, als Außenminister, zusammen mit Merkel für eine verpflichtende, von Arabern geschriebene und zutiefst antiisraelische Resolution des Sicherheitsrates votierte, gegen die sogar Obama sein Veto einlegte. Für mich war seit diesem Zeitpunkt glasklar: die beiden sind, ‚Staatsräson‘ und die anderen hohlen Floskeln hin oder her, Antisemiten; diese scheinheiligen Schutzbehauptungen machten es gar nicht besser, ganz im Gegenteil, ich schätze Ehrlichkeit und nicht Heuchelei, die Nazis waren zumindest ehrlich und verkauften ihren zoologischen Judenhass nicht als ‚Kampf gegen Antisemitismus‘, ‚Liebe zu Israel‘, ‚Staatsräson‘ oder ‚Friedensprozess‘-Krokodilstränen, ihre Gestapos und KZs wurden auch nicht als Jüdisches Museum Berlin oder Zentrum für Antisemitismusforschung getarnt.

Das Maß an Heuchelei und Doppelzüngigkeit ist so voll wie noch nie und erinnert mich stark an den orwellianischen Neusprech. Diese Heuchelei betrifft allerdings nicht nur die Judenfrage, sondern die allgemeine Verlogenheit der deutschen Presse, der Fernsehen-Nannies und der gesamten verdorbenen öffentlichen Sprache, wo z. B. alle regimekonformen Mitläufer-Kundgebungen (die man in Russland neuerdings ‚Putings‘ nennt) ‚Proteste‘, aber der feigste Konformismus, den man sich nur vorstellen kann, ‚Mut‘ und ‚Zivilcourage‘ heißen.

Ich erinnere mich auch gut an den sogenannten ‚Aufstand der Anständigen‘, ausgerufen ausgerechnet vom ‚anständigsten' Heuchler Gerhard Schröder, für den sich jetzt sogar seine SPD-Freunde schämen. Es war nach dem Brandanschlag auf die Synagoge in Düsseldorf im Jahr 2000 und als Teil des mittlerweile sehr abgenutzten ‚Kampfes gegen rechts' gemeint (als ein solcher wird im Neusprech die Hetzkampagne gegen die Opposition getarnt); damals hieß es allerdings noch korrekterweise ‚Rechtsextremismus', während heutzutage bereits das gesamte rechte politische Spektrum für verbrecherisch und das gesamte linke für heldenhaft und großartig erklärt wird. Es geriet zur Blamage, als dann nach zwei Monaten ein Marokkaner und ein ‚Palästinenser' gestanden, diesen Brandanschlag begangen zu haben. Zum ‚Aufstand der Anständigen' gegen den islamischen Antisemitismus kam es selbstverständlich weder damals noch später.

Als den Brandanschlag auf eine Synagoge bald danach drei ‚Palästinenser', diesmal in Wuppertal, wiederholt hatten, kam es noch „besser": Das Gericht folgte der Aussage der Männer, sie hätten mit der Tat ein Zeichen gegen den Krieg in ihrer Heimat setzen wollen, in seinen Ausführungen. Nach Ansicht des Richters hatten die Angeklagten nicht aus „antisemitischen Gründen per se" gehandelt. Alle drei Angeklagten wurden zu extrem kurzen Bewährungsstrafen verurteilt und gleich freigelassen, einer sogar freigesprochen. Beim gleichen Vorgehen von vier deutschen Neonazis im Winter 2001 gegen ein Asylantenheim in der Wichlinghauser Kreuzstraße lautete das Strafmaß zehn Jahre Haft! Dass hingegen die judenfeindliche Absicht der drei muslimischen Brandstifter in Abrede gestellt und die Tat selbst von den Richtern zum Teil sogar rechtfertigt wurde, wirft bei mir die Frage auf: In welchem Jahrhundert leben wir denn? Sind die Juden Opfer zweiter Klasse?

Um auf Schröder zurückzukommen, setzte er später ein weiteres Zeichen und stoppte mit freundlicher Unterstützung des Zentraljudenrates die gesamte jüdische Immigration aus den ehemaligen Sowjetrepubliken nach Deutschland, die zuvor mit dem Ziel der ‚Wiederherstellung sterbender jüdischer Gemeinden' begründet worden war, ab Anfang 2005 vollständig. Die jüdischen Gemeinden waren Schröders Ansicht nach wohl viel zu voll, mehr hatte er nicht gewollt, seine ehemaligen Schützlinge und Freunde sowie glühenden Antisemiten Andreas Baader und Horst Mahler ganz bestimmt nicht.

Das führte zu dem krassen Missverhältnis, dass jeder illegale Einwanderer schon seit Jahren durch sperrangelweit offene Grenzen ganz ohne Papiere einwandern darf, unabhängig davon, ob er Krimineller oder Terrorist ist, die Juden aber nicht einmal das Recht haben, sich legal mit ihren in Deutschland lebenden jüdischen Familien wiederzuvereinigen, und zwar natürlich ohne dass die Hofpresse und die Hofglotze weder jetzt Merkel noch damals Schröder auch nur die geringsten Vorwürfe dafür gemacht hätten.

Ebenso kritiklos verhielt sich auch der in vorauseilendem Gehorsam schrankenhafte Zentralrat der Hofjuden, dieses bürokratische Anhängsel von Politfunktionären, diese von kaum einem Juden gewählte, an den Zitzen der Macht hängende, teils durch und durch senile, teils extrem islamophile Truppe. Ein Beispiel für den letzteren Teil ist der ehemalige Generalsekretär des Zentralrates Stephan Kramer, der bereits Mitglied von drei Parteien war und jetzt in Diensten der vierten Partei, nämlich der Ex-SED, und ihres lange Zeit vom Verfassungsschutz beobachteten Thüringer Ministerpräsidenten Ramelow steht. Es als juristischer Laie zum Chef des Landesamtes für Verfassungsschutz zu schaffen (versorgt mit einem schmutzigen politischen Auftrag des Machthabers) ist eine beachtenswerte Leistung.

Die zweifelhaften ZdJ-Hofjuden entscheiden nun darüber, welche Juden rein und welche unrein sind. Nach Ansicht der Zentralratsfunktionäre sind z. B. AfD-Mitglieder unrein. Demzufolge ist z. B. der Mitbegründer der *JAfD* Dimitri Schulz unrein und wird in die Wiesbadener Synagoge nicht eingelassen, und zwar allein aufgrund seiner AfD-Mitgliedschaft, denn persönlich hat er sich gar nichts zuschulden kommen lassen. Solche Schweinereien gehören mittlerweile zum festen Repertoire der Altparteien und deren Schlägertruppe namens ‚Antifa‘, die so langsam ein neuerliches Apartheidsregime in Deutschland einrichten konnten.

Diesmal trifft es aber meistens nicht Juden, sondern die einzige Oppositionspartei des Landes, die neuen Unberührbaren, die quasi zu einem Fußabtreter für alle ihr Maul aufreißenden Polit-Schreihälse avancierten; ab und zu sind es aber nach wie vor die Juden. Außer Dimitri Schulz kann ich mich z. B. an einen Offenbacher Wirt erinnern, in dessen Restaurant die Gründungsversammlung der *JAfD* stattfinden sollte, der aber von gewaltbereiten Linksextremisten eingeschüchtert wurde und schließlich einknickte. Die schleichende und irrwitzige Honeckerisierung des Landes und die DDR 2.0 sind schon weit vorangeschritten, und alte DDR-Dissidenten wie Vera Lengsfeld und Hubertus Knabe werden von Machthabern wie der ehemaligen FDJ-Funktionärin Merkel, der höchstwahrscheinlich fest bei ARD & ZDF wohnenden Katrin Göring-Eckhardt sowie der ehemaligen Stasi-Spitzelin Anette Kahane mundtot gemacht, die Terror-Opfer, etwa vom Breitscheid Platz, werden zynisch verhöhnt, Sicherheitsbedenken der Bevölkerung schlichtweg ignoriert, offene Grenzen zum Naturgesetz erklärt!

Pseudojuden und Juden-Darsteller, die anderen Juden die Leviten lesen und sich „als Juden" für ‚Palästinenser' einsetzen, erleben heutzutage starken Zulauf in Deutschland. Ich erinnere mich u. a. an den Vorsitzenden der Jüdischen Gemeinde Pinneberg, den Ex-Kriminellen Wolfgang Seibert, oder an die Hamas-Aktivistin Edith Lutz, die eine fingierte Organisation namens „Abrahams Töchter" ins Leben rief, bestehend aus einer Christin, einer Muslima und ihr selbst (einer angeblich konvertierten Jüdin, die aber keinen einzigen Beleg für ihren *Giur* erbringen konnte). „Abrahams Töchter" trafen sich mit hochrangigen Hamas-Funktionären in Gaza und wurden von WDR und *Monitor* als Werkzeug im Propagandakrieg gegen Israel eingesetzt. Der Fall wurde glücklicherweise von Henryk M. Broder recherchiert und sehr gut beleuchtet.

Ich erlebte also bereits in den 90ern und Anfang der 2000er viele Antisemiten und Israel-Hasser in den Altparteien. Was dann aber folgte, übertraf alle meine und meiner Eltern, Verwandten und Freunde schlimmsten Befürchtungen. Seit der illegalen Grenzöffnung vom 5. September 2015 sitzen meine gesamte Großfamilie, viele meiner jüdischen Verwandten und Bekannten fast buchstäblich auf gepackten Koffern. Bis dahin wählen sie aber alle nur die AfD. Zwei bis drei Millionen illegaler Invasoren aus antisemitischen Kulturkreisen machen jüdisches Leben in Deutschland unmöglich. Überfälle auf den Straßen, im öffentlichen Verkehr und in Freibädern, Mobbing in den Schulen usw. sind alltäglich geworden. Nun kann man nicht mehr öffentlich *Kippot* und Davidsterne tragen, keine Synagoge kann auf Sicherheitsschleuse und Polizeiposten verzichten. „Man kann nicht Millionen Juden töten und später dann Millionen ihrer schlimmsten Feinde ins Land holen", wie Karl Lagerfeld sehr treffend feststellte.

Das jüdische Mädchen Susanna Feldmann wurde aus antise-mitischen Gründen bestialisch umgebracht, Dutzende anderer Juden angegriffen, gequält und zusammengeschlagen, zwei Israelis bei dem Terroranschlag auf dem Breitscheidplatz in Berlin getö-tet. Das sind alles Opfer der völlig unverantwortlichen Politik der Kanzlerin und ihrer Schranzen und waren von vornherein abzu-sehen. Alles mit freundlicher Unterstützung aller Altparteien, die sich zu freiwilligen Helfershelfern der Schlepperbanden machten.

Wir Juden aus der UdSSR kamen fröhlich nach Europa. Nach und nach mussten wir aber enttäuscht feststellen, dass die hiesi-gen Verhältnisse eher nach Somalia aussehen und wir hier keine Zukunft mehr haben. Die populärste Frage, die mir meine jüdi-schen Bekannten immer wieder stellen, lautet: „Wo können wir nun weiter hin fliehen? Amerika, Kanada, Australien oder Israel? Oder Alpha Centauri?"

Es ist wirklich schon fünf vor zwölf. Das Jahr 1933 haben wir schon sozusagen hinter uns, die ‚Reichskristallnacht' kommt noch. Dass aber 1945 noch kommt, bezweifeln wir stark.

MARCEL HIRSCH

Die wahrhaftigen Lebensansichten des Tayyip Muhammed

Wow, was ist passiert? Wo bin ich hier? Schön, trotzdem, dass ich da bin und schön auch, dass Sie da sind. Ich bin offenbar Beides: Dort eine reale Person in der realen Welt und hier eine Art *backup* mit KI-Funktion in der *cloud*. Ich spüre, dass ich parallel ein reales Leben führe, denn ich erhalte schubweise Erinnerungen. Ich weiß nicht, wie ich hierher katapultiert bzw. *backupped* wurde, aber das tut eigentlich erst mal gar nichts zur Sache. Nun bin ich hier und finde mich mit den neuen Gegebenheiten ab. Irgendwie verspüre ich, anders als in meinem realen Dasein, das starke exhibitionistische Bedürfnis, meine wahren Gedanken und Erinnerungen allen mitteilen zu wollen.

So wie es aussieht, kennt diese Version der KI keine Hemmschwellen, keine Limits und plappert die Wahrheit und nur die Wahrheit.

Also fange ich an zu erzählen. Ich lebe physisch in der Türkei. Ich höre auf den Namen Tayyip, wie unser glorreicher Präsident. Ursprünglich hieß ich Fethullah. Nachdem aber der Führer der Gülen-Bewegung bei Tayyip in Ungnade gefallen und zu einem Verräter in Sachen *Da'wa* (islamische Missionierung) geworden war, änderte mein Vater meinen Namen sicherheitshalber in Tayyip Muhammed. Sollte in Zukunft ein Putsch gegen Tayyip von Erfolg gekrönt sein, wird es für mich mit meinem ersten Vornamen wieder schlecht aussehen. Aber mit dem Namen eines pädophil veranlagten Schurken kann praktisch nichts schiefgehen.

Kurzum, die Freude damals war riesengroß, als Tayyip die Wahlen gewann und seitdem eine steile Karriere hinlegte. Aus meiner Sicht ist seine Führungsposition in der islamischen Welt unumstritten. Bleibt nur noch, dass andere islamische Länder das auch endlich akzeptieren. Das Land Katar hat praktisch schon seinen Respekt gezollt, und die Araber in Judäa, Samaria und Gaza sind teilweise dabei, es zu kapieren. Denn laut Tayyibismus gelten Türken als die größten Vertreter des Islam und aller Muslime in der Welt.

Mit dem Ägypter Mursi, inzwischen ein „Märtyrer", wäre der Weg deutlich weniger holprig ausgefallen. Das ist aber der Preis, den wir des Öfteren zahlen müssen. Viele von uns Muslimen sehnen sich inbrünstig nach den goldenen Zeiten der Eroberungen durch islamische Armeen zurück. Oh Junge, das müssen fantastische Zeiten gewesen sein, wo wir Dschihad gegen die halbe Welt geführt haben und kraft der Scharia und nach dem Vorbild unseres Propheten, *sbuh*, mit den unterworfenen Ungläubigen so ziemlich alles machen durften. Zu plündern, Kriegsgefangene zu enthaupten, ihre Frauen zu vergewaltigen und sie zu versklaven gehörte zum Standardrepertoire. Zahlungsfähige Allah-Leugner ließen wir am Leben, bis sie die *Djizyah* (Sondersteuer für Christen und Juden) nicht mehr zahlen konnten.

Als wir uns irgendwann in Massen zum Islam bekehren ließen, erklärten wir gleichzeitig unsere vorislamische Geschichte, unsere Errungenschaften, die eigene teilweise jahrtausendealte Kultur und Religion für null und nichtig. Zivilisationen wie das ägyptische Pharaonenreich, das Sassanidenreich, Byzanz und die vorislamische arabische Zivilisation mussten ausgelöscht werden, weil sie dummerweise Allah ablehnten. Der Islam hat sich größtenteils durch das Schwert verbreitet, fand also friedlich statt.

53

Nun, nachdem wir unsere jahrhunderte-, wenn nicht jahrtausendealten Kulturen, Religionen und Identitäten aufgegeben und stattdessen die absurde Gotteslehre eines unmoralischen Beduinen angenommen hatten, mussten wir praktisch wieder von Null anfangen und, nach dem Prinzip der zwangsläufigen Wechselwirkung, bei Null bleiben, da wir weder in der Lage noch willens waren und nach wie vor nicht sind, islamische Dogmen zu hinterfragen.

Bedauerlicherweise wirken wir militärtechnisch inzwischen nicht mehr abschreckend und können allem Anschein nach nur noch davon träumen, wie in der islamischen Gründerzeit ganze Landstriche der Ungläubigen zu besetzen. Um unsere zivilisatorischen Defizite gegenüber dem großen und dem kleinen Satan (und von mir aus auch gegenüber der Witzfigur von einem Satan namens „EU") ausgleichen zu können, versuchen wir, über diese Ungläubigen, allen voran über die „Masterminder", wie unser glorreicher Führer, die Juden meinend, zu sagen pflegt, mit der uns verliehenen Kraft der *Taqiyya*, Lügen zu verbreiten, an die wir selbst glauben, sie anzuschwärzen und sie international mit allen uns zur Verfügung stehenden Mitteln zu diskreditieren.

Schade, dass die Römer (Allahs Segen ausnahmsweise mal über sie) uns zuvorkamen und Israel zerstörten. Die Enttäuschung stand uns förmlich ins Gesicht geschrieben, als wir das Gebiet später praktisch widerstandslos eroberten und die Gräueltaten von Chaibar nicht wiederholen konnten. Das wäre eine echte Gaudi gewesen, wenn wir den Geschichtsverlauf heute hätten so erfahren können, wie der islamische Staat mit den Israeliten kurzen Prozess gemacht hat.

Die zionistische Entität ist seit den 40ern wieder da, und uns fehlt eben noch diese wichtige Trophäe. Es ist das Prinzip des

*) ε,- olarein im Gepensatz zum Wesen eines Dinges

54

Angebots und der Nachfrage. Wir dürfen uns zwar keinen Fehler mehr erlauben, aber andererseits braucht Israel nur einmal zu verlieren. An dieser Stelle kommt natürlich unser Führer Tayyip ins Spiel. Er hat schon sehr früh erkannt, wer der eigentliche Feind ist. Während andere Möchtegern-Führer sich teils auf innerislamische Konflikte und Konkurrenten konzentrieren, hat Führer Tayyip bereits in frühen Jahren eine antijüdische Position bezogen.

Nicht, dass Antisemitismus vor Tayyip in der Türkei unpopulär gewesen wäre. Ganz im Gegenteil, Aversion gegen Juden war auch zur laizistischen Zeit unverkennbar stark. Die Elza-Niyego-Ausschreitungen (1927), das Pogrom von Thrakien (1934) und das Pogrom von Istanbul (1955), um nur wenige zu nennen, fanden zu Zeiten statt, als Kemalismus Staatsdoktrin war. Diese Ereignisse wurden teils staatlich geduldet und teils staatlich gelenkt. Anders ist bei Tayyip, dass er kein Geheimnis daraus macht, als Antisemit verstanden werden zu wollen. Seine Rhetorik motiviert die Massen dazu, ihre Aversion gegen Juden und andere Ungläubige auszuleben.

Wir streiten nicht ab, dass das Heilige Land sehr wohl den Juden gehört. Kein Fake. Das bestätigt ja auch das nichtlustige Taschenbuch. Dieser Deal wurde von Allah bewusst initiiert, in ⟨1)⟩ der Hoffnung, dass diese Prophetenmörder ihre gottlosen Taten ⟨2)⟩ bereuen und sich ihm zuwenden würden. Sie sind darauf aber nicht eingegangen. Jetzt sind wir am Zug.

Und was spielt das schon für eine Rolle, dass Jerusalem kein einziges Mal im Koran erwähnt wird. Auch nicht mit dem arabischen Namen Al-Quds. Werden etwa Bagdad, Damaskus, Kairo, Persepolis oder Konstantinopel im Koran jemals erwähnt? Alles, was zählt, ist, dass ein Drittel des Korans die Juden thematisiert, und zwar in negativer Weise. Wichtig ist auch, dass wir den Juden

1) Taschenbuch - Koran
2) Prophet - Jesus von Nazareth

alles wegnehmen, was ihnen wichtig ist. Dazu gehört besonders Jerusalem. Schon allein dadurch ist Israel mitsamt Jerusalem ein legitimes Ziel dafür, von uns angegriffen und besetzt zu werden. Hinzu kommt noch die Tatsache, dass Jerusalem schon einmal islamisch besetzt war. Gebiete, die einst auch nur für kurze Zeit *Dar al Islam* (Gebiete, in denen die *Sharia* praktiziert wurde) waren und sich nun in *Dar al Harb* befinden wie Israel, Andalusien und Gebiete bis nach Wien, müssen mit Allahs Hilfe früher oder später wieder militärisch unterworfen werden.

Es stimmt leider, dass wir weder in der Lage sind noch die Intention haben, uns eigene Heiligtümer zu bauen. Wir begnügen uns einfachheitshalber mit Heiligtümern der sonst so verhassten Ungläubigen. Wir besetzen nicht nur ihre Länder, wir islamisieren auch ihre Heiligtümer und fabulieren gerne irgendwelche Legenden, um unsere fantastisch-islamischen Ansprüche zu legitimieren. Eine bewährte Methode. Siehe die Legende von *Al-Buraq*, dem Reittier mit Flügeln und Menschenantlitz, auf dem der Prophet Muhammed während einer Nacht von der Erde zum Himmel und zurück flog. Auf dem fabelhaften Tier lassen wir ihn nachträglich mit dem Erzengel Gabriel von Mekka nach Jerusalem reiten, um Ansprüche auf diese Stadt erheben zu können.

Weitere Beispiele für ein solches Vorgehen sind die Sophienkirche in Konstantinopel und die Kaaba in Mekka. Die Adaption richtungweisender Bauformen der Ungläubigen hat im Islam seit Anbeginn Tradition.

Mein zweiter Namensvetter ließ die knapp zwei Dutzend *Kaabas*, die jeweils einem altsemitischen Gott gewidmet waren, bis auf die *Kaaba* in Mekka nach und nach allesamt zerstören. Dem Gott Hubal kündigte er die *Kaaba* kurzerhand fristlos und ließ in das quadratische Gebäude seinen Lieblingsgott Allah einziehen.

Diese Vorgehensweise funktioniert in der Regel gut, in letzter Zeit sogar besonders gut. Ein Großteil der Medien der gläubigen Ungläubigen, ein breites Spektrum ihrer Politiker und bekannten Persönlichkeiten berichten ja fast rund um die Uhr über die Vorzüge der islamischen Eroberungen. Nach dem Motto: was täte Europa heute, wenn die Umayyaden Spanien nicht besetzt hätten, wenn die Osmanen nicht bis vor Wien gelangt wären. Schade, dass es mit Wien als Zwischenstopp nicht geklappt hat. Das eigentliche Ziel war tatsächlich Rom. Mit Allahs Willen werden wir hoffentlich noch zu Tayyips Zeiten die Eroberung miterleben.

Anhand des folgenden *Hadith* kann nachvollzogen werden, warum uns die Eroberung Konstantinopels so wichtig war. Der Prophet, *sbuh*, prophezeite: „Wahrlich, Konstantinopel wird erobert. Der erobernde Kommandant, was für ein herrlicher und wunderschöner Kommandant. Die erobernde Armee, was für eine herrliche und wunderschöne Armee."

Und wenn wir von Zeit zu Zeit die Besetzung Konstantinopels, Adrianopels und vieler anderer byzantinischer Städte in Anatolien als Eroberungen und Befreiungen feierten, brauchten wir uns dafür bisher nie zu rechtfertigen. Im Gegenteil, die Ungläubigen sind selbst bestrebt, ihre Rückeroberungsversuche durch die Kreuzritter so sehr zu diskreditieren, dass wir manchmal denken, warum wir nicht selbst auf diese Idee gekommen sind.

Des Weiteren gab es bedingt durch den Nahost-Konflikt auf beiden Seiten Flüchtlinge, jüdische und arabische. Während das Schicksal der arabischen (später in ‚palästinensisch' umbenannten) Flüchtlinge weltweit thematisiert wird und die Vereinten Nationen eines ihrer beiden Flüchtlingshilfswerke, die UNRWA, explizit nur für die Palästinenser betreiben, interessiert sich kein Schwein für die Belange der jüdischen Flüchtlinge aus dem

Nahen Osten und Nordafrika, deren Bevölkerung in ihren ursprünglichen Ländern von mehr als 850.000 im Jahr 1948 auf nur mehr 4.000 im Jahr 2012 dezimiert wurde.

Dadurch motiviert, werden wir in Zukunft in dieser Hinsicht weiterhin so viel Tamtam machen, dass der Westen und andere Ungläubige nicht mal auf die Idee kommen werden, über die Verfolgung Andersgläubiger in der islamischen Welt zu berichten. Ohne Schützenhilfe aus dem linken islamophilen Spektrum und den besonders islamfreundlichen Kirchen beider Konfessionen hätten wir es nie im Leben soweit gebracht. Das sind unsere liebenswerten Beschwichtiger, die uns Krokodile in der Hoffnung füttern, dass wir sie erst als letztes fressen. Bei Al-Lah, der Mondgöttin mit ihren zwei Töchtern, die von Muhammed zu einem cholerischen und barbarischen Kriegsgott umgegendert wurde: Auch wenn *Taqiyya* keine Versprechen kennt, werden wir diesen Deal gerne einhalten. Wir hielten auch Wort, als der nützliche Idiot und Tayyip-Freund Todenhöfer vor einigen Jahren unsere Brüder in Syrien besucht hat. Und während der iranischen Perversion von 1979 haben wir unsere linken Alliierten erst dann eliminiert, als wir fest im Sattel saßen.

Was uns im Kampf um die islamische Weltherrschaft wiederum von unseren ISIS-Brüdern unterscheidet, ist, dass diese Brüder der Auffassung sind, Muslime sollten sich nicht in erster Linie auf die Bekämpfung der Juden konzentrieren, sondern auf nichtjüdische Ungläubige, allen voran auf abtrünnige Muslime. Denn Muhammed, die Mutter aller Propheten, soll angeblich prophezeit haben, dass der Endzeitkrieg gegen die Juden erst dann auf die Bühne gebracht werde könne, wenn alle Juden sich im Heiligen Land eingefunden hätten. Hätte, hätte, Fahrradkette.

Da scheiden sich dann auch schon die Geister. Wir betrachten das besagte *Hadith* als nicht authentisch und lehnen es ab, unter Ungläubigen zu unterscheiden. Erst recht sollten wir zuerst die Juden bekämpfen. Wir werden den erleuchteten Pfad des Erbakanismus-Erdoganismus unbeirrt weiterschreiten. Unser *Mein Kampf* konzentriert sich nicht umsonst so sehr auf die Juden. Sie sind unsere eingeschworenen Feinde, mit denen wir niemals Frieden schließen dürfen.

Unsere Empörung kennt keine Grenzen, wenn am Status von Jerusalem etwas geändert werden soll, das uns nicht in den Kram passt. Führer Tayyip lässt da nicht locker, beleidigt die Drahtzieher als Kolonialisten, Imperialisten, Blutsauger, Brunnenvergifter und Kindermörder. Jede seiner Israel oder Juden generell betreffenden Aussagen hat einen antisemitischen Einschlag. Das können wir uns locker leisten, denn Proteste dagegen gibt es kaum welche. Wir fragen uns immer wieder, wie viele Stunden es diesmal dauern werde, bis die EU-Elite in der Tat beschließt, prüfen lassen, ob Juden in Israel Brunnen vergiftet hätten.

Mit dem Begriff ‚Kindermörder‘ haben wir in den letzten Jahrzehnten jede Menge Erfahrung gesammelt. Diesen Begriff setzen wir seit jeher gegen kurdische Befreiungsorganisationen ein. Wir verwenden ihn in den Medien so rege, dass jeder Satz über Kurden in unseren Ohren akustisch schief klingt, wenn wir den Begriff aus Versehen einzubinden vergessen. Diese Strategie soll nun ebenfalls gegen Juden helfen.

Nichtsdestotrotz werden die goldenen Zeiten des Islams nicht von selbst kommen. Klar müssen wir, alle Unterworfenen, etwas dafür tun. Wir müssen uns fragen, warum die islamische Welt so rückständig blieb, wie sie es damals war und wie sie immer noch ist. Manch einer wird sagen: weil wir auf Bildung keinen Wert legen und uns nicht mit Wissenschaften beschäftigen. *Bullshit.* Haben etwa unsere Vorfahren auf Wissenschaft wertgelegt? Nein, und bei Allah, sie waren erfolgreich. Alles Wissenschaftliche, was wir brauchen, steht im Koran kryptisch formuliert. Als aber mehrere dem Anschein nach zum Islam konvertierte ungläubige ‚Gelehrte‘ bald anfingen, sich mit dem Wissen antiker Völker zu beschäftigen, ging es wieder bergab mit der islamischen Gesellschaft.

Meine Zunge möge verdorren. Was habe ich getan? Ich kann es nicht fassen, was ich da so alles über uns preisgegeben habe. Kann bitte jemand mein System updaten und einen *restart* durchführen? Heil Tayyip!

EMANUEL BERNHARD KRAUSKOPF

Islam und Linke

Über die doppelte Notlage
der europäischen Juden und Israels

In einer kürzlich erschienenen Ausgabe der Wochenzeitung JUNGE FREIHEIT findet sich ein lesenswertes Interview des in Frankreich hoch angesehenen Philosophen Alain Finkielkraut, Mitglied der *Académie française* und Professor an der Eliteuniversität *École polytechnique* in Paris, welches mich daran erinnerte, wie ich als junger Mann im Jahre 1969 durch Perpignan reiste. Es war ein herrlich warmer Sommertag. Ich war auf einer in jener Zeit typischen Anhalter-Tour durch mehrere Länder. Den Rucksack auf dem Rücken, betrat ich ein Lebensmittelgeschäft und verstrickte mich beim Einkaufen in ein Gespräch mit einem Mann mittleren Alters.

Es stellte sich heraus, dass es sich um einen jüdischen Flüchtling aus Algerien handelte. Ich hatte keine Ahnung, wovon er sprach. Er lud mich zum Essen in seine kleine Wohnung ein, wo ich seine Frau und seine zwei recht hübschen und intelligenten Töchter kennenlernte. Bei Couscous, Lamm und Gemüse sagte er u. a. Folgendes:

„Als Algerien sieben Jahre zuvor, 1962, von Frankreich unabhängig wurde, erließ die Regierung umgehend ein Gesetz, laut dem nur Muslime die algerische Staatsbürgerschaft erhalten würden. Alle 150.000 Juden machten das einzig Richtige: Sie flüchteten umgehend, die Meisten nach Frankreich." Diese Information war 1969 in unseren Medien nicht erhältlich. Reisen bildet!

Fast eine Million Juden verließen oder flüchteten im Verlauf von nur drei Jahrzehnten aus islamischen Ländern. Den meisten Lesern dürfte dies neu sein; es ist in deutschen Medien ein Tabu-Thema.

Alain Finkielkraut beschreibt nun den islamistischen Judenhass als etwas Neues in Frankreich. Mag sein, aber die Frau dieses Herrn mittleren Alters sagte mir 1969: „Es fliehen immer mehr Muslime aus dem unabhängigen Algerien. Sie bringen ihren Judenhass nach Frankreich mit." Nun, 50 Jahre später, wachen in Frankreich auch die gehätschelten Intellektuellen auf. Das ist zwar gut so, aber meiner Meinung nach viel zu spät. Inzwischen leben weit über drei Millionen Nordafrikaner in Frankreich. In ihren Wohngegenden und denen anderer Muslime können jüdische Franzosen heute nicht mehr leben. Das sind No-Go-Zonen.

In Deutschland verhält es sich so, dass die Kirchen ebenso wie die Synagogen Körperschaften des öffentlichen Rechts sind. Beide sind aufgrund dieser Konstellation von den jeweiligen staatlichen Machthabern extrem abhängig, vor allem finanziell. Der Zentralrat der Juden und andere jüdische Organisationen folgen der Merkel-Politik wie brave Hündchen. Das heißt, sie fördern die Islamisierungspolitik der Bundeskanzlerin und damit den Judenhass. Anders ausgedrückt: Sie schaufeln sich ihr eigenes Grab und zerstören vollends die Sicherheit der jüdischen Deutschen.

Der oben erwähnte Alain Finkielkraut geht noch viel weiter: „Die blauäugige Haltung betrifft nicht nur die offiziellen jüdischen Organisationen, sondern auch die offizielle katholische Kirche und die protestantischen Instanzen. Papst Franziskus etwa plädiert für eine verstärkte Einwanderung [...]. Er trägt nicht einmal mehr Sorge dafür, dass die Christen in Europa in der Mehrheit bleiben. Dieser Papst unterzeichnete ohne mit der Wimper zu zucken den Tod Europas, so wie wir es kennen."

Islam

Der Islam ist beides, eine Religion des Friedens sowohl als auch eine Religion des Mordes und Totschlags, also aggressiver Kriege. Mit Juden hat der Islam nie friedlich auf Augenhöhe gelebt. Einen liberalen, verfassungskonformen Islam gibt es nicht. Es gibt aber durchaus liberale Muslime, die sich in westlichen Ländern integriert haben.

Dennoch gilt es, nicht zu vergessen, dass alle Juden, die in diesem Jahrtausend in Europa ermordet wurden, von Muslimen ermordet wurden. So gut wie alle physischen und verbalen Angriffe gegen Juden seit dem Jahre 2000 sind von Muslimen begangen worden. Berlin, Paris, Brüssel, Kopenhagen und viele andere Städten waren Tatorte. An diesen Tatsachen gibt es nichts zu rütteln. Analysen der EU, aber auch z. B. eine Untersuchung der IKG an der Universität Bielefeld bestätigen die derzeitige Situation.

Der Prophet Mohammed, den die Moslems abgöttisch lieben, hat den islamischen Judenhass selbst begründet. Das war vor 1400 Jahren. Am Anfang seiner göttlichen Karriere hat Mohammed zwar typisch jüdische Glaubensinhalte und Verhaltensweisen kopiert: Den Glauben an einen einzigen Gott; das Verbot, Schweinefleisch zu essen (*Halal*-Gesetze sind von der *Kashrut* abgeleitet); Fastengebote; am Anfang beteten seine Anhänger in Richtung Jerusalem, der heiligen Stadt der Juden.

Waren die Juden aber anfänglich noch anerkannte ‚Schriftbesitzer‘ im ersten Teil des Korans, so fielen sie im zweiten Teil des Korans, der sich auf die Zeit Mohammeds in Medina bezieht, völlig in Ungnade. Die Juden wurden zu Feinden des Islams degradiert. Ein jüdischer Stamm nach dem Anderen wurde ausradiert. In diesem Zusammenhang ist der Begriff der Abrogation wichtig. Er besagt, dass bei Widersprüchen innerhalb des Korans die späteren Aussagen, also in diesem Fall der Judenhass, die früheren Aussagen annullieren. Das heißt, der Hass gilt!

Der endgültige Sieg des Islams über das Judentum wurde bei der Unterwerfung der Juden in Chaibar 627 gefeiert. Bis heute skandieren Muslime ihren Judenhass auf Demonstrationen, z. B. in Berlin:

„Chaibar, Chaibar, ya Yahud. Dschaischa Mohammed saya'ud!“

„Chaibar, Chaibar, oh Juden. Die Armee Mohammeds wird zurückkommen!“

Wer nicht ermordet wurde, landete im *Dhimmi*-Status, der nach folgendem Prinzip funktioniert: ‚Zahl Kopfsteuer oder Du bist einen Kopf kürzer!‘

Der uralte Judenhass ebenso wie der Christenhass und andere Hassbotschaften des Korans sind, ungeachtet ihres Alters, extrem wichtig und müssen in unserer täglichen Politik gegenüber dem Islam berücksichtigt werden, weil eine absolute Mehrheit der Muslime in Deutschland und Europa den *Koran*, aber auch die *Sunna*, die *Hadithe* und andere Schriften des Islams über unsere Verfassung stellt. In ganz Europa stellen Muslime ihre religiösen Schriften und Traditionen über die christlich-jüdische und Aufklärungstradition des Abendlandes. Dazu steigt die Anzahl salafistisch orientierter Muslime, die eine radikale Rückbesinnung auf den ursprünglichen Islam, auf den Koran, verlangen und auch selbst so leben wollen.

Die Linke

Die politische Linke in Europa hat eine Hass-Koalition mit dem islamischen Judenhass gebildet. Im Französischen gibt es einen auch von Alain Finkielkraut benutzten Begriff dafür: den des *islamo-gauchism*. Eine große Clique marxistisch angehauchter Professoren und deren Adepten beschritt einen Weg, natürlich in verfeinerter, intellektueller Form, auf den Adolf Hitler und seine Konsorten stolz gewesen wären: Über Jahrzehnte kritisierten diese Menschen – auch 68er genannt – das religiöse Christentum und das Judentum (speziell in Israel) aufs Heftigste, ja zogen es in den Dreck, und tun es auch noch heute. Den Islam aber schlossen diese Menschen ins Herz.

Ein exponiertes Beispiel für Deutsche, die zu Professoren ernannt werden und es sogar zu Leitern des Zentrums für Antisemitismusforschung an der TU Berlin brachten, ist Prof. Emeritus Wolfgang Benz. Dieser verteidigt seine Sprüche so: Die Wissenschaft mache Vergleiche. Bei Islam- und Judenhass bestünden verwandte Mechanismen und Muster, sagt er. Es ist lächerlich, dies als Wissenschaft zu verkaufen, aber ich möchte einmal in die Niederungen des linken Professors hinabsteigen und auch einen Vergleich wagen. Dieser lässt sich jedoch historisch ganz klar nachweisen:

Adolf Hitler und Konsorten hassten sowohl das Judentum als auch das Christentum, konnten sich aber gut mit dem Islam, einer extrem machistischen und martialischen Kriegsreligion, anfreunden. Gegen Ende der faschistischen Herrschaft wurde sogar der Begriff Antisemitismus in ‚Antihebraismus‘ geändert. Die Nazis hatten erkannt, dass viele ihrer Partner, die Muslime in der SS und ihr Mentor Amin Al-Husseini, der Großmufti von Jerusalem, auch Semiten waren. Es gibt also eine direkte Parallele zwischen dem Dritten Reich und unserer heutigen politischen Linken, was das Verhältnis zum Islam betrifft.

Wie verkauft die politische Linke, aber auch ein großer Teil der Altparteien, ihren Schulterschluss mit Moslems, Islamisten und Islamofaschisten? Interessanterweise hat sie die Grundlagen dazu nicht einmal selbst erarbeitet. Sie hat diese beim seinerzeit wichtigsten Islamofaschisten, Ayatollah Chomeini, und bei der OIC (Organisation für Islamische Kooperation) abgeschrieben. Denn das geistige Zentrum des heutigen Judenhasses ist der Iran.

Als der Iran noch ein einigermaßen moderner Staat war, saß Ayatollah Chomeini im Exil. Er war 1963 ausgewiesen worden, u. a. weil er die Bevölkerung gegen die Landreform und ein neues Gesetz zur Gleichberechtigung der Frau aufwiegelte. Zuletzt, 1978/79, lebte er in Paris. Den Begriff der Islamophobie, also krankhafter Angst vor dem Islam, benutzte er, um iranische Frauen zu brandmarken. Viele trugen nämlich unter der Regierung des Schahs keine Schleier, keine Kopftücher. Der Mann hat sich nach 1979 durchgesetzt!

1979 errang er den Sieg über den Schah und wurde als Führer der islamischen Revolution sowohl Staats- als auch Regierungschef und religiöser Führer auf Lebenszeit. Das ist der höchste Posten im heutigen Iran: ein religiöser Diktator, ein Islamofaschist.

Interessant ist, warum er sich für Paris entschieden hatte. Französische Intellektuelle, also ein breites Spektrum der Linken, hatten ihm dazu geraten: nur so könne er große mediale Aufmerksamkeit weltweit erringen. Die Linke sah in ihm einen neuen Gandhi, einen, der endlich die Demokratie in den Iran bringen werde! Genau so sprach er in Paris bei den vielen Interviews mit westlichen Medien. Diese tragen eine Mitverantwortung für seinen Erfolg. Sie sind hereingefallen auf das, was der Islam *Taqiyya* nennt. Auf den Punkt gebracht, bedeutet der Begriff: Die Ungläubigen täuschen, um dem Islam zum Sieg zu verhelfen.

Ayatollah Chomeini war ein Meister dieser islamischen Kunst. Sogar die liberalen iranischen Moslems, welche mit ihm gegen das Schah-Regime kämpften, ließen sich von ihm täuschen.

Der Begriff der Islamophobie setzte sich in Deutschland erst um 1989 durch. Wiederum war Khomeini, diesmal indirekt, beteiligt. Seine Todesurteil-Fatwa gegen Salman Rushdie erregte die Gemüter. Dieser hatte es in seinem Buch *Die Satanischen Verse* gewagt, den Koran und insbesondere den unantastbaren Propheten Mohammed nicht ausschließlich zu loben, sondern zugleich auch stellenweise zu kritisieren. Scotland Yard musste das Leben Rushdies über Jahre hinweg schützen; denn ein Kritiker des Propheten ist extrem furchteinflößend.

Damals erinnerten sich die linken Intellektuellen noch an die *Taqiyya* Chomeinis, an die Mordorgien gegen unliebsame politische Gegner jeglicher Couleur, an die Errichtung einer islamofaschistischen Diktatur. Sie unterstützten Salman Rushdie. Islamophobie war damals eine klare Bezeichnung für eine berechtigte Angst vor dem Islam à la Chomeini.

Heute aber ist es ein Schimpfwort, das fast alle politischen Lager nutzen. Es dient dazu, Menschen, die die weitere Islamisierung unserer Gesellschaft ablehnen, in die rechte, ja Naziecke zu stellen. Die Interpretation Chomeinis, eine Beschimpfung von Islamkritikern, wurde übernommen.

Der zweite Kampfbegriff, neben dem der Islamophobie, lautet: Rassismus oder gar Apartheid. Er stammt ebenfalls von der besagten OIC: „Islamophobie ist eine zeitgenössische Form von Rassismus und Fremdenfeindlichkeit, die motiviert ist durch unbegründete Angst, Misstrauen und Hass gegenüber Muslimen und dem Islam."

Rassismus ist ein biologisch-politischer Begriff. Er bezieht sich z. B. auf Haut- und Haarfarbe, Körpergeruch, Hakennasen oder krause Haare (so wie etwa meine eigenen); er bezieht sich eben nicht auf Religion, Kultur etc. Eine solche Umdeutung des Begriffs, wie er von der Allianz aus linken und islamistischen Kräften vorgenommen wird, hat weitreichende Folgen, unter denen vor allem der jüdische Staat zu leiden hat.

Israel als gemeinsamer Bezugspunkt

Der Hass auf die jüdischen Israelis hat nur ein Ziel: Die Abschaffung Israels.

Der israelbezogene Hass ist Judenhass in Reinkultur. So gut wie jeder Jude wird weltweit, also auch hier in Deutschland, von Muslimen angefeindet, immer mit derselben Ausrede: Das ist wegen Israel! Muslime haben erkannt, wie sie, zusammen mit der politischen Linken, argumentieren müssen: Wenn sie knapp eine Million Juden aus den islamischen Staaten vertreiben, wenn sie Juden in ganz Europa zusammenschlagen oder ermorden, wenn sie Synagogen anzünden, dann müssen sie immer nur schön diesen einen Spruch von sich geben: Das machen wir wegen Israel, wegen Palästina etc., und schon wird ihr ekelhafter Judenhass entschuldigt und ist im linken Spektrum politisch und moralisch akzeptabel, ja, überhaupt kein Judenhass mehr.

Die links-muslimische Allianz ist davon überzeugt, dass Hass auf Israel, Hass auf israelische Politik, Hass auf Juden in Jerusalem, Samaria und Judäa, Boykott israelischer Produkte oder gar die Forderung nach Abschaffung des jüdischen Staates nichts mit Judenhass zu tun habe. Israel sei ein rassistischer, kolonialistischer Apartheidstaat und trete die Menschenrechte mit Füßen, skandieren die Koalitionäre mit tatkräftiger Unterstützung von bereits heute islamisierten Journalisten der ARD und des ZDF.

Solche Vorwürfe sind, von islamischer Seite, nichts als ein schlechter Witz: eine typische Projektion, wie die Psychologen wohl sagen würden. Dass aber diese Projektion im Westen von vielen ernst genommen wird, ist ein sehr schlechter Witz.

Will man der politischen Linken in die abstruse Welt ihrer eigenen Denkweise, in der Apartheid nichts mehr mit dem ursprünglichen Rassismus zu tun hat, wirklich folgen, so dürfte das Urteil über den Islam nämlich nicht allzu günstig ausfallen. Denn vor Allah sind zwar alle Muslime gleich, egal ob schwarz, weiß oder braun. Die islamische Apartheid richtet sich aber gegen Nichtmuslime. Es handelt sich mithin um eine typische Form von Apartheid, wie sie der Linken vorschwebt.

Folgen wir ihrer Logik weiter: Diese islamische Apartheid erklärt den über 1300 Jahre alten arabisch-islamischen Sklavenhandel und die Sklavenhaltung, die von unseren Eliten totgeschwiegen werden: diese geben stattdessen vor, der Sklavenhandel sei ein typisches Problem weißer Menschen gewesen, – was aber mitnichten der Fall ist. Der Beginn des islamischen Sklavenhandels fand mit dem Emir Abdallah ben Said im Jahre 632 statt, und bis heute gibt es schwarze Sklaven, z. B. im Sudan. Die islamische Apartheid erklärt auch die Existenz von mehr als zwei Millionen weißer Sklaven – zumeist Slawen, die mit militärischer und finanzieller Unterstützung des Osmanischen Reiches gewaltsam in die islamischen Länder verfrachtet wurden.

Eine Apartheid-Religion, die z. B. Nichtmuslimen das Betreten von Mekka verbietet, schwingt sich zu Moralpredigten über Israel auf. Angesichts dessen empfehle ich der Allianz von Linken und Muslimen, ihren Humor wiederzufinden, um einmal über sich selbst lachen zu können.

Geradezu hypermoralisch wird diese tragikomische Allianz, wenn es um Menschenrechte geht. Trotz feindlicher Nachbarn hat sich Israel von Anfang an immer darum bemüht, die Menschenrechte einzuhalten; trotz Terror, trotz Bürgerkrieg und Krieg.

Was aber beschlossen eigentlich alle islamischen Staaten, einschließlich jener Araber, die sich seit 1964 Palästinenser nennen? Schlicht und einfach: Es gilt das *Sharia*-Recht! Denn die Kairoer Erklärung der Menschenrechte räumt der *Sharia* eine Überlegenheit über die europäischen Menschenrechte ein und betont, dass letztere nur gelten, sofern sie nicht gegen erstere verstoßen.

Islamische Clowns verlangen vom Westen die Einhaltung von Menschenrechten, die sie selbst – als Muslime – nicht akzeptieren wollen. Diese Antinomie, Menschenrechte versus *Sharia*-Rechte, gilt inzwischen auch bei uns.

So gut wie alle Fachleute sind sich einig: Die Hoffnung auf einen auf Menschenrechten aufbauenden Sonderweg eines europäischen Islams ist tot. Muslime, die noch heute für diesen Weg kämpfen, brauchen Personenschutz und Polizeischutz, der sie vor kriminellen Angriffen gewaltbereiter *Sharia*-Muslime schützt. Beispiele dafür sind der Psychologe Ahmad Mansour, der Islamwissenschaftler Hamed-Abdel Samad oder Frau Seyran Ateş, die in Berlin eine liberale Moschee mit einem weiblichen Imam eröffnete und 24 Stunden, also rund um die Uhr, bewacht werden muss, weil die Todesdrohungen von konservativen Muslimen nicht enden wollen.

Um noch ein letztes Mal auf den für diese Umstände blinden Professor Benz zurückzukommen. Bei einem Gespräch im Deutschlandfunk gab er Folgendes zum Besten: „Was damals zur Nazizeit der Rassebegriff im Antisemitismus war, ist heute der Kulturbegriff im anti-muslimischen Rassismus." Er ist eine Koryphäe dieser links-muslimischen Erweiterung des Rassismus-Begriffs um die Kultur. Genau dieser Humbug, eine Variation von Chomeini und OIC, dient dazu, eine kritische Diskussion über die Unvereinbarkeit des Islams mit unserer deutschen und europäischen Kultur abzuwürgen. Es ist die Aufgabe der AfD, die Gesellschaft aus diesem intellektuellen Würgegriff zu befreien.

II. Defekte

WOLFGANG FUHL

Abhängigkeit und Opportunität

Über die Lage des Zentralrats
der Juden in Deutschland

Im Jahr 2020 wird der Zentralrat der Juden in Deutschland 70 Jahre alt werden. In seiner Geschichte gab es, wie überall, Höhen und Tiefen. Gegründet am 19. Juli 1950 in Frankfurt /M., hat er seinen Sitz seit 1999 in Berlin, im Leo-Baeck-Haus.

Es war im Mai 1945 kaum vorstellbar, dass sich fünf Jahre später eine neue deutsch-jüdische Dachorganisation gründen würde, zu deren ersten Aufgaben Wiedergutmachungen für begangenes Unrecht zählten. Im Laufe der Zeit wechselten die Aufgaben und Ziele, und man darf insgesamt eine erfolgreiche Arbeit des Zentralrats über die Jahrzehnte konstatieren. Es war für keinen der Vorsitzenden leicht; Drohungen, Polizeischutz und auch Anschläge auf Grabstätten waren ständige Wegbegleiter.

In der Vergangenheit standen dem Zentralrat achtenswerte Persönlichkeiten vor. Da war der Veteran aus dem Ersten Weltkrieg Herbert Lewin, sel. A., da war Ignatz Bubis, sel. A., der im Angesicht seines Todes bitter feststellte, nichts bewegt zu haben, womit er sicher mit sich selbst zu hart ins Gericht ging. Späterhin war Dieter Graumann dann der erste Präsident der Nachkriegsgeneration und führte die längst überfällige öffentliche Positionierung des ZdJ gegen antisemitische durch Migranten aus dem islamischen Raum begangene Vorfälle herbei. Dies brachte ihm auch Kritik aus den eigenen Reihen ein, hatte sich der ZdJ doch bis dahin ausschließlich zugunsten von Zuwanderung engagiert. Die

x) sel. A. – selig Abraham ?

75

Konsequenzen blieben nicht aus; Dieter Graumann verzichtete 2014 auf eine Wiederwahl, und seither führt den Zentralrat Josef Schuster, der 2018 einstimmig wiedergewählt wurde.

Der Zentralrat leistete, dies ist unbestritten, im organisatorischen Aufbau, mit der politischen Kontingentflüchtlingsregelung aus den Staaten der ehemaligen Sowjetunion, mit dem Abschluss eines Staatsvertrages, mit seiner Reputation viel zum Aufbau und zur Sicherung jüdischen Lebens in Deutschland. Schauen wir auf die fast 70 Jahre seiner Geschichte, so müssen wir feststellen, dass er auch zur Entwicklung der Demokratie beitrug.

Doch seit 2015 fällt ein dunkler Schatten auf das Leben von Juden in Deutschland. Noch im November 2015 dachten wir, dieser dunkle Schatten werde von Dr. med. Schuster behandelt werden, sprach er sich doch im Zusammenhang mit Bundeskanzlerin Merkels illegaler Grenzöffnung und der ungebremsten Migration für eine Obergrenze aus: „Über kurz oder lang werden wir um Obergrenzen nicht herumkommen [...]. Viele der Flüchtlinge fliehen vor dem Terror des Islamischen Staates und wollen in Frieden und Freiheit leben, gleichzeitig aber entstammen sie Kulturen, in denen der Hass auf Juden und die Intoleranz ein fester Bestandteil ist."

Ein *shitstorm* von Politikern der Altparteien und Teddybärwerfern brach über Schuster herein. Auch einige Juden, die sich daraus vielleicht politische Vorteile erhofften, kritisierten Schuster. Einer dieser jüdischen Kritiker wurde später, obwohl er die notwendigen Anforderungen nicht besaß, Präsident eines Landesamtes für Verfassungsschutz. Eine Belohnung für linientreue Äußerungen?

Wenige Stunden später erfolgte eine Pressemitteilung des ZdJ, in der der Ausdruck „Obergrenze" nicht mehr auftauchte. Zum ersten Mal in der Geschichte des ZdJ knickte ein Präsident bzw.

*) Kramer S. 48

Vorsitzender vor deutschen Politikern ein. Der dunkle Schatten wurde zu einem dunklen Fleck; und wie ein Hautkrebs breitet sich seither die Gleichschaltung des Zentralrats und der von ihm finanziell abhängigen jüdischen Institutionen an die illegale Politik Merkels aus. Der Zentralrat entwickelte sich von einer unabhängigen Organisation zu einem willfährigen Handlanger der deutschen Politik. Die Zeiten, in denen er deutsche Politik kritisierte, wenn sie dem Antisemitismus Vorschub leistete, sind vorbei. War das der Preis für die Erhöhung der staatlichen Zuschüsse? Dann, ja dann war der Preis zu hoch.

Der Zentralrat übt sich seit dieser Gleichschaltung darin, ein politisch liebes Kind zu sein, um die Liebe der Medien und die finanziellen Zuwendungen des Staates zu erhalten. Bei den ‚Staatskirchen' führte dieses gefährliche Verhalten zu einer Abwendung der gläubigen Christen. Dies ist keine Abkehr vom Christentum; Freikirchen etwa erfreuen sich eines großen Zulaufs. Aber es ist eine Abkehr von der staatlich beeinflussten Organisation ‚Kirche'. Ähnliches ist bereits im Judentum zu beobachten. Die am schnellsten wachsende jüdische Gruppe ist vom Zentralrat im Wesentlichen unabhängig: *Chabad.* Und es kommt nicht von ungefähr, dass gerade diese weitgehend unabhängige Organisation den spalterischen Aufruf des Zentralrats gegen die Gründung des Vereins *Juden in der AfD* nicht unterzeichnete. Für konservative Juden ist es sehr wichtig, sich diese Liste genauestens anzusehen und die üblichen Spenden nur noch jüdischen Organisationen zukommen zu lassen, die nicht auf dieser Liste stehen. Zumindest solange sich der ZdJ nicht neu und unabhängig positioniert.

Seinem eigenen Anspruch, „eine Vertretung für alle Juden" zu sein, wurde der Zentralrat nicht gerecht. Mit seiner Politik seit 2015 ist er kein Garant mehr für freies jüdisches Leben in

Deutschland. Die Erfolge der letzten Jahrzehnte wurden in wenigen Jahren zunichte gemacht. Der ZdJ blendet unter Schuster seit diesem denkwürdigen Tag im November 2015 die Fakten aus und übernimmt, Lemmingen gleich, die Manipulationen des politisch-medialen Mainstreams in Deutschland.

Im Pamphlet des Zentralrats der Juden in Deutschland gegen die Gründung der *JAfD*[1] finden sich die von den Medien immer wieder verbreiteten Lügen und Verdrehungen gegen die AfD. Zudem wird mit unterschiedlichen Maßstäben gemessen, was gerade für einen Zentralrat, der doppelte Standards in Bezug auf Israel immer wieder entgegentritt, ein Armutszeugnis darstellt.

In der Einleitung dieses Pamphlets etwa ist die Rede von der „vermeintlichen Verbundenheit der AfD mit dem Staat Israel". Wann hat der Zentralrat die „Vermeintlichkeit" der Verbundenheit Merkels und ihrer Regierungsparteien mit dem Staat Israel kritisiert? Diese Regierung heuchelt Verbundenheit und stimmt in der UN bei fast jeder Gelegenheit in islamischer Eintracht gegen Israel. Im Jahre 2018 stimmte Deutschland in 16 von insgesamt 21 Resolutionen gegen Israel. In einer Bundestagsabstimmung votierten nur die Abgeordneten der AfD und FDP für einen Antrag, dieses Abstimmungsverhalten in der UN zu ändern. Wo bleibt der Vorwurf des Zentralrats der vermeintlichen Verbundenheit an die Mehrheit des Bundestages, an SPD, an Union, an die Bundesregierung? Wo die Kritik an jüdischen Mitgliedern in Union und SPD? Die Doppelmoral des Zentralrats der Juden zeigt sich im Umgang mit anderen Parteien: Wo bleibt der Vorwurf des Antisemitismus zum Beispiel gegenüber der SPD?

---

1 https://www.zentralratderjuden.de/fileadmin/user_upload/pdfs/Gemeinsame_Erklaerung_gegen_die_AfD_.pdf

Im Jahr 2017 legt der Präsident der bunten Republik Deutschland Frank-Walter Steinmeier einen Kranz für den Terroristen Arafat ab. Der ewige Präsident der ‚Palästinensischen Autonomiebehörde' Abbas antisemitiert im EU-Parlament die jüdische Brunnenvergiftungslüge herbei: „Eine Gruppe von Rabbinern in Israel hat ihre Regierung klar, sehr klar dazu aufgefordert, das Wasser der Palästinenser zu vergiften." Die Abgeordneten bejubeln diese Rede, und der Präsident des EU-Parlaments Martin Schulz twittert, sie sei „inspirierend", und gratuliert, freudig erregt. Oder Sigmar Gabiels Relativierung der *Shoah*: „Sozialdemokraten waren wie Juden die ersten Opfer des Holcaustes". Oder 2012 Andrea Nahles: die SPD und die Fatah hätten „gemeinsame Werte". Welche denn? Etwa die Zerstörung Israels? Oder nochmals Sigmar Gabriel über Israel: „Das ist ein Apartheid-Regime, für das es keinerlei Rechtfertigung gibt."

Nun sind das nicht Heinze, Maier oder Schulze in irgendeinem Ortsverein, nein, alles führende Spezialdemokraten. Wo bleibt der Vorwurf des Zentralrats etwa an die SPD?

Im außergewöhnlich miserablen Text des Pamphlets gegen die *JAfD*, dessen Konzept vermutlich direkt aus dem Bundeskanzleramt stammt, geht es weiter mit der Behauptung: „Wenn Juden auf die AfD als Garant für jüdisches Leben in Deutschland angewiesen wären, wäre es um das jüdische Leben hier schlecht bestellt."

Jüdische Schüler, die gemobbt werden, *Kippah*-Träger, die angefeindet werden, Rabbiner, die auf offener Straße am helllichten Tage zusammengeschlagen werden, Polizeischutz für Synagogen und jüdische Gemeindehäuser, die Ermordung des jüdischen Mädchens Susanna, deren Tod im muslimischen Umfeld des

Feldmann

79

Täters bejubelt wurde, nachdem ihre Zugehörigkeit zum Judentum publik geworden war. Da stellt sich einem die Frage, in welcher Traumwelt Herr Schuster eigentlich lebt. All das sind die Zustände, die ohne Zutun der AfD bestehen. Es gibt keine Juden in Deutschland, die aus dem Haus gehen und zu sich selbst sagen: „Hoffentlich treffe ich auf keinen AfDler, der mich zusammenschlägt oder mich vergewaltigt oder mir ein Messer in den Rücken rammt." Diese Zustände wurden von allen anderen Parteien geschaffen und nicht von der AfD. Es sind die AfD und die *JAfD*, die diese unhaltbaren Zustände und die dafür verantwortlichen Parteien konsequent anprangern. Der Zentralrat der Juden in Deutschland ist hier klar in der Mitverantwortung und kritisiert nicht die dafür Verantwortlichen, sondern diejenigen, die die regierungspolitisch verursachten Zustände kritisieren.

So geht es im ganzen Text munter weiter: Unwahrheiten, aus dem Zusammenhang Gerissenes, insgesamt ein Kunstwerk aus dem Staatsministerium für Agitation und Propaganda. Diese hetzerische Stimmungsmache des ZdJ gegen die Vereinsgründung der *Juden in der AfD* war unjüdisch, links doktriniert und gipfelte in der entmenschlichenden Beleidigung unserer Gründungsmitglieder als „Stinktiere" durch den Vorsitzenden der Jüdischen Gemeinde Offenbach, Alfred Jacoby. Die Politik Merkels spaltet Deutschland, und die Politik des Zentralrats spaltet die Juden in Deutschland. Man kann nur für die Zukunft hoffen, dass der Zentralrat beginnen werde, die Realitäten nicht mehr zu verleugnen.

Der Herausgeber der *Jüdischen Rundschau* (die sich privat finanziert und anders als die *Jüdische Allgemeine* nicht am Steuertropf der Bürger hängt), Dr. Rafael Korenzecher, schreibt in einer seiner

Kolumnen: „Jedenfalls verlassen Juden Deutschland und Europa nicht wegen eines Herrn Gauland, und schon gar nicht wegen einer Frau Weidel oder Frau Storch, sondern wegen des wachsend unerträglicher werdenden Juden-feindlichen Klimas unserer sich auch unter dem kaum noch zu vermeidenden Diktat der grünen Zeugen Gretas immer mehr islamischer Rechtsverachtung ergebenden Republik. [...] Die *Jüdische Rundschau* und ich verspüren jedenfalls keine Neigung kritiklos zu schweigen und mit Verlaub als nützliche jüdische Idioten den schrecklichen Leidensweg unserer Vorfahren durch willfähriges Anbiedern an den hier geschaffenen Zeitgeist des Ausverkaufs unserer westlichen und demokratischen Werte zu verraten [...].“[2]

Die Funktionäre des Zentralrats der Juden in Deutschland werden sich neu positionieren müssen, denn sie laufen andernfalls Gefahr, als „nützliche jüdische Idioten“ in die Geschichte einzugehen. Rabbiner und jüdische Funktionäre, die komplett danebenlagen, gab es im Übrigen auch in der deutschen Vergangenheit: Als Theodor Herzl, sel. A., in München die Gründung der zionistischen Bewegung plante, scheiterte dies an der strikten Ablehnung durch die Israelitische Kultusgemeinde München und den Allgemeinen Deutschen Rabbinerverband. Herzls Bewegung führte 1948 zur Gründung des Staates Israels. Was für ein Glück für uns Juden, dass Herzl, sel. A, sich durchsetzte und die Gründung 1897 in Basel vollzog, gegen die Haltung von Rabbinern und jüdischen Funktionären.

Israel sollte dem offiziellen Deutschland nicht trauen, und der Zentralrat der Juden sollte es ebenfalls nicht tun. Blickt man

---

2 http://juedischerundschau.de/article.2019-07.kolumne-des-herausgebers.html

81

auf die Aufgaben, die der ZdJ als die eigenen betrachtet, findet man darunter zwar keine „bedingungslose Regierungsunterstützung", stattdessen aber Folgendes: „Mit dem Zentralrat der Juden in Deutschland haben alle in Deutschland lebenden Juden eine Stimme, die Gehör findet und darüber hinaus ein starker Partner der Zivilgesellschaft ist." Ungefragt stellt sich der Zentralrat als einzige Stimme aller Juden in Deutschland und als starker Partner dieser ominösen ‚Zivilgesellschaft' dar (also als Partner aller linken und grünen Parteien und Organisationen, NGOs, von der Regierung oder von ausländischen Stiftungen und Geldgebern finanzierter oder zum Teil unterstützter Organisationen).

In einem weiteren Absatz findet sich immerhin eine Einschränkung: „Der Zentralrat der Juden in Deutschland vereinigt unter seinem Dach 23 Landesverbände und 105 Jüdische Gemeinden mit rund 97.791 (Stand 2017/ZWST) Mitgliedern und vertritt deren politische und gesellschaftliche Interessen." Es bleibt festzuhalten, dass zwar eine Beschränkung auf die in den Mitgliedsgemeinden organisierten Juden stattfindet, eine Zahl von inzwischen weniger als 100.000, Tendenz weiter fallend. Zur Anzahl der in Deutschland lebenden Juden gibt es nur Schätzungen; diese liegen aber bei bis zu 200.000. Damit kann der Zentralrat weder die einzige Stimme noch Vertretung der Juden in Deutschland sein; zudem ist die Meinungspluralität innerhalb der Mitgliedsgemeinden so groß wie in der deutschen Gesellschaft auch. Somit dürfte der Zentralrat der Juden nur behaupten, für die Mehrzahl der bei ihm organisierten Mitglieder zu sprechen. Alles andere ist eine maßlose Übertreibung.

Ob es eine Zukunft für Juden in Deutschland gibt, ist nicht mehr vom Zentralrat der Juden in seinem jetzigen Zustand abhängig; es hängt von der weiteren gesellschaftlichen (Fehl-)Entwicklung ab, und diese wird durch die politischen Parteien geprägt, die, wie man an der illegalen Einwanderung aus islamischen Ländern sieht, ohne Rücksichtnahme auf die Juden in Deutschland, aber mit Unterstützung der nützlichen jüdischen Idioten handeln.

Authentische jüdische Stimmen hat man außerhalb des ZdJ zu suchen. Henryk M. Broder schrieb in seinem Buch *Das ist ja irre*: „Drei Viertel dessen, was Tagesschau und Heute senden, ist Regierungspropaganda, der Rest Schrott." Und der Historiker Michael Wolffsohn sagte im Interview: „Wenn ich mich in meinem jüdischen Bekanntenkreis umhöre, dann sagen alle das Gleiche: Gewalt gegen Juden geht ausschließlich von Muslimen aus." Nun behaupten Regierung, Zentralrat und Medien unisono, 90 % der antisemitischen Straftaten seien rechts motiviert. Wolffsohn sagt dazu: Die deutsche Statistik sei, freundlich ausgedrückt, eine Lüge. Die EU ermittelte in einer europäischen Studie für Deutschland folgende Zahlen: 22 % der Täter nicht beschreibbar, 41 % islamistisch, 16 % linksextremistisch, 20 % rechtsextremistisch. Damit liegt Merkel-Deutschland an der Spitze islamistischer Angriffe auf Juden in Europa, und die offiziellen deutschen Zahlen werden mit dieser EU-Studie als frisiert entlarvt.

Die Juden in Deutschland leben wieder in Angst, und der Zentralrat kritisiert diejenigen, die die Verantwortlichen klar benennen. Ist der Zentralrat blind, oder hindert ihn irgendetwas an einer klaren und politisch unabhängigen Positionierung? Betrachtet man die Entwicklung im europäischen Ausland, erfährt man unschwer, wo sie uns in Deutschland hinführen wird.

Schweden: Schächten seit den 30er Jahren verboten. Beschneidung von Knaben unter 18 Jahren nur vom Arzt erlaubt. Schweden hat prozentual die höchste Anzahl an Einwanderern aus islamischen Ländern aufgenommen. Der neue, gewalttätige Antisemitismus wurde importiert. Jüdische Gemeinden lösen sich aus Angst vor islamischem Antisemitismus auf.[3]

Frankreich, wo die meisten Juden Europas leben, ca. 550.000, Tendenz abnehmend: Eine brutale Welle antisemitischer Angriffe wütet über das Land. Die Zahl antisemitischer Angriffe stieg 2018 um 74 %, und wieder gab es Todesopfer. Juden fliehen aus Frankreich vor islamischen Antisemitismus. Der Experte Pierre-André Taguieff wird zitiert mit den Worten: „Es handelt sich nicht um eine Wiederkehr des alten politischen Antisemitismus, der Nationalisten und Katholiken vereint, sondern um das Entstehen einer neuen antijüdischen Konfiguration, die sich aus der Islamisierung der palästinensischen Sache ableitet."

Belgien: Jüdisches Leben in Angst. Die Terrorbedrohung ist für Belgiens Juden nicht erst seit den vereitelten Anschlägen Wirklichkeit. Aus Antwerpen, einem der letzten *Stetl* Europas, ziehen viele weg. Juden fliehen aus Belgien vor islamischen Antisemitismus.

Großbritannien: die Labour Party wird vom Antisemiten Corbyn angeführt, jenem Corbyn, der von deutschen Medien bejubelt wurde und als Vorbild für den Wahlkampf Martin Schulz' dienen sollte. Die antisemitischen Vorfälle bis hin zu körperlichen Attacken steigen dramatisch an. Es herrscht in der jüdischen Gemeinde die Angst davor, dass Corbyn die nächsten Wahlen gewinnen könnte. Die Labour Party fällt von einem judenfeindlichen Skandal in den nächsten.

Ansonsten steigen in ganz Europa die Zahlen an; nach einer aktuellen EU-Studie wurde bereits jeder dritte Jude in Europa

---

3 https://www.israel-nachrichten.org/archive/43032

in den letzten Jahren belästigt, insbesondere wenn er als Jude erkennbar war. Haupttätergruppe: islamistisch.

Diese Entwicklung ist für uns Juden besorgniserregend; die deutschen Altparteien und die Merkelregierung fördern die illegale Zuwanderung von Millionen Menschen, die aus Kulturkreisen kommen, in denen die antisemitische Erziehung zur staatlichen DNA gehört.

Wer die Zahl von Millionen anzweifelt, der sollte kurz nachrechnen. Bevölkerungszahl Deutschlands Ende 2013 = 80,767 Mio.; Ende 2018 = 83,019 Mio.

Wahlberechtigte bei den Europawahlen (Deutsche und EU-Bürger) im Mai des jeweiligen Folgejahres 2014 = 61,999 Mio. und 2019 = 61,574 Mio.

Die Bevölkerungszahl nahm innerhalb von fünf Jahren um 2,252 Mio. zu, die Zahl der Wahlberechtigten Deutschen und EU-Bürger bei den Europawahlen nahm im selben Zeitraum um 0,425 Mio. ab. Unter Berücksichtigung der nicht ausgleichenden Geburtenrate und der Verleihung der deutschen Staatsbürgerschaft dürfte sich damit eine Zuwanderung von etwa drei Millionen Menschen aus dem Nicht-EU-Ausland (und damit überwiegend aus islamischen Ländern) ergeben, und zwar in einem Zeitraum von fünf Jahren.

Deutschland wird islamisiert, und der Zentralrat, wissend um die Zustände in den bereits fortgeschritten islamisierten europäischen Ländern, hält die Füße still und kritisiert die letzten wirklichen Verbündeten, die die Juden in Deutschland noch haben: Die bürgerlich-konservative Kraft AfD.

Zum Abschluss nochmals der Herausgeber der *Jüdischen Rundschau*, Dr. Rafael Korenzecher: „Nun ist die neue Opposition mit ihren nicht zu übersehenden deutlich rechtslastigen Problemen ganz sicher weder auf uns Juden maßgeschneidert noch unser Wunschkind. *But this is what we got* – mehr haben wir nicht. Und das ist beschämenderweise immer noch viel, viel mehr als uns die etablierten linkslastigen und Islam-affinen Judenhass-Dulder und Israel-Dämonisierer bieten."

Soviel Wahrheit muss denn schon sein. Als Jude in Deutschland kann man sich nur wünschen, dass der Zentralrat von seiner heutigen Regierungsunterstützung abkehrt, koste es, was es wolle, und sei es den Staatsvertrag.

DANIEL PIPES

Europäische Diaspora und Israel

Über die politischen Auswirkungen einer Dichotomie ×⟩

Man beachte den Unterschied: Als Matteo Salvini, der italienische Innenminister, kürzlich das von ihm als Hauptstadt Israels gepriesene Jerusalem besuchte, nannte Premierminister Benyamin Netanyahu ihn einen „großen Freund Israels". Ungeachtet dessen wurde Salvini, kaum in die Heimat zurückgekehrt, vonseiten linksliberaler italienischer Juden mitunter wegen seiner Politik gegenüber Zigeunergruppen und seines vermeintlichen „Rassismus gegen Ausländer und Migranten" diskreditiert.

Ein ähnlicher Kampf, im Rahmen dessen der mächtige Staat Israel kleinen und schrumpfenden jüdischen Gemeinden gegenübersteht, findet in zahlreichen europäischen Ländern statt, ohne dass sich der Gegenstand von Land zu Land auch nur im Geringsten unterschiede: es geht immer um die von der Presse als rechtsextrem, populistisch, völkisch oder nationalistisch bezeichneten Parteien, – die ich selbst aber als zivilisationistisch bezeichne (da sie vornehmlich bestrebt sind, die westliche Zivilisation zu erhalten). Wenig überraschend konzentriert sich Israels Regierung auf die außenpolitische Ausrichtung dieser Parteien und betrachtet sie daher beinahe ausnahmslos als ihre besten Freunde in Europa, während das jüdische Establishment in Europa ebenso vorhersehbarerweise auf die innenpolitische Ausrichtung dieser Parteien hinweist, indem es sie als unverbesserlich antisemitisch darstellt und sogar die Rückkehr der faschistischen Diktaturen des 20. Jahrhunderts prognostiziert.

×⟩ N. – Zweiteilung (biologisch)

87

So provinziell und unerheblich dieser innerjüdische Kampf der weiten Welt auch scheinen mag, so gewichtig ist er in Wirklichkeit, wo er doch womöglich Einfluss nehmen wird auf den künftigen Kurs Europas. Dieser Umstand gründet in der einzigartigen moralischen Autorität, die der Holocaust den Juden zuteilwerden lässt in der Beurteilung dessen, wer ein Faschist ist und wer nicht. Anders, in der zurückhaltenderen Formulierung des *Wall Street Journal*, ausgedrückt: „Während jüdische Wähler in vielen europäischen Ländern einen relativ kleinen Teil der Wählerschaft repräsentieren, könnte ihre Unterstützung zu gewinnen dazu beitragen, das öffentliche Image der rechtsextremen Parteien zu verbessern." Falls sich Jerusalem durchsetzt, werden die Zivilisationisten einfacher und zügiger in den politischen Mainstream Europas eintreten, zu Einfluss gelangen und ihre Hauptanliegen, die Zuwanderung zu kontrollieren und die Islamisierung zu bekämpfen, in Angriff nehmen. Falls sich das lokale jüdische Establishment durchsetzt, werden die Zivilisationisten länger um Legitimität kämpfen müssen und daher langsamer zu Einfluss gelangen und ihre Ziele nur weitaus mühseliger erreichen.

Europäische Diaspora

Die in Europa (wenn man Russland nicht miteinbezieht) lebenden Juden machen rund 1,5 Millionen bei einer Gesamtbevölkerung von etwa 600 Millionen aus oder ein Viertelprozent; das ist etwa dieselbe Zahl wie die der Hindus und ein Zwanzigstel der Muslime. Im Gegensatz zu diesen neuen Religionsgemeinschaften haben Juden in Europa eine zweitausendjährige, problembeladene Vergangenheit durchgestanden, die von Ritualmordlügen und anderen Verschwörungstheorien, den Kreuzzügen, Ghettos und Pogromen gekennzeichnet ist und im Holocaust gipfelte. Ebenfalls im Gegensatz zu diesen wachsenden Migrantengruppen ist es allein die Lage des Judentums, die in Europa aufgrund der zugleich bestehenden Herausforderungen der muslimischen Massenzuwanderung, des grassierenden Antisemitismus und des linken Antizionismus derart prekär wird, dass Juden in Frankreich, wo sie weniger als ein Prozent der Bevölkerung ausmachen, 2017 fast 40 Prozent aller rassisch oder religiös motivierten Gewalttaten erlitten. Eine aktuelle Umfrage stellt fest, dass 38 Prozent der Juden Europas erwägen, den Kontinent zu verlassen.

Diese seit jeher ängstliche Gemeinschaft zieht derzeit den Kopf ein. Mit teilweiser Ausnahme Frankreichs neigen die Juden Europas dazu, quasi-antizionistische Ansichten zu übernehmen, um die Kritiker Israels zu beschwichtigen. Das erklärt solche Gräuel wie etwa ein Anne-Frank-Haus in Amsterdam, das den ehemaligen israelischen Premierminister Ariel Sharon mit Hitler vergleicht, oder ein Jüdisches Museum Berlin, das in einer Ausstellung über Jerusalem beinahe ausschließlich die muslimische Geschichte und den muslimischen Charakter dieser Stadt betont. Auch jüdische Anführer schweigen weitgehend in Bezug auf die Masseneinwanderung und richten ihre kollektive Feindseligkeit gegen zivilisationistische Parteien, was einen Akt jüdischer Bürgertugend darstellt, den das europäische Establishment einfordert, wenn jüdische Anführer weiterhin geachtet werden, den Zugang zur Regierung behalten und vonseiten der Mainstream-Medien sanft behandelt werden möchten. In Frankreich etwa mag Gilbert Collard vom Rassemblement National ein „kompromissloser Verteidiger Israels" sein; aber lobt man seine Worte einmal, so sieht man sich prompt als Rassist beschimpft und aus der *haute volée* ausgeschlossen.

Es behalten wohl einige Zivilisationisten rassistische, verschwörungstheoretische und borniere Ansichten zu Juden bei; Wachsamkeit ist nötig, um sicherzustellen, dass die von ihnen beteuerte Freundschaft nicht bloß eine Taktik darstellt, um Zustimmung und Legitimität zu gewinnen. Aber Zivilisationisten sind nicht das Hauptproblem der Juden. Auf politischer Ebene propagieren sie keine uneingeschränkte Zuwanderung und keinen Islamisierung tolerierenden oder gar betreibenden Multikulturalismus, diese doppelte existenzielle Bedrohung für jüdisches Leben in Europa.

Auf individueller Ebene stellen Zivilisationisten auch keine große Gefahr für Juden dar; eine umfangreiche Umfrage der Europäischen Agentur für Grundrechte zu Diskriminierung und Hassverbrechen gegen Juden gelangte zu dem Ergebnis, dass „die ernsthaftesten Vorfälle antisemitischer Schikane" zu 30 Prozent von „extremistischen Muslimen" begangen werden, zu 21 Prozent von Linken und zu 13 Prozent von Rechten. Mit anderen Worten: Islamisten und Linke zusammen schikanieren Juden viermal mehr als Zivilisationisten.

Dessen ungeachtet hofieren viele europäische Juden – und insbesondere ihre Anführer – in selbsterniedrigender Weise das Establishment – politische Parteien, Medien, Bildungseinrichtungen – und verfestigen damit die moralischen Überlegenheit ausgerechnet jener Kräfte, die ihr Leben ruinieren. Sie haben, um Bat Ye'ors Wortwahl zu verwenden, das Verhalten von *Dhimmis* übernommen (den historischen Status zweiter Klasse für nichtmuslimische Monotheisten, die unter muslimischer Herrschaft leben).

Als herausragendes Beispiel dafür ist Rabbi Pinchas Goldschmidt zu betrachten, der Präsident der Europäischen Rabbinerkonferenz. Er warnt äußerst sanft davor, dass ein Premierminister

Jeremy Corbyn Juden dazu veranließe, Großbritannien zu verlassen, während er Zivilisationisten emphatisch dessen bezichtigt, eine Rückkehr zu „totaler Diktatur" anzustreben, und ihre proisraelische Haltung als illegitime Jagd nach einem anerkennenden „Koscherstempel" denunziert.

Israel

Die Netanyahu-Regierung begrüßt es, dass sich Anti-Establishment-Parteien den rhetorisch warmen, aber inhaltlich kühlen Mustern der etablierten Parteien Europas widersetzen: während die drei M (Theresa May für Großbritannien, Emmanuel Macron für Frankreich und Angela Merkel für Deutschland) positiv über Israel sprechen, beteiligen sie sich, mit weitreichenderen Konsequenzen, an der Delegitimation Israels bei den Vereinten Nationen und unterstützen das Iran-Abkommen, das die meisten Israelis als tödliche Bedrohung erachten. Etwas allgemeiner verweist der israelische Journalist Eldad Beck auf „die Dualität der deutschen Haltung, die darin besteht, dass Berlin sein Bekenntnis zu Israels Existenz und Sicherheit deklariert, während es sich zur gleichen Zeit hinter Organisationen stellt, die die Existenz und Sicherheit des jüdischen Staates unterminieren."

Im Gegensatz zu solch platten Strategien betrachten zivilisationistische Parteien (abermals mit der Ausnahme Frankreichs) Israel als moralisch-militärischen Partner und als Verbündeten gegen den Islamismus. Sie stellen das unter Beweis, indem sie Antisemitismus bekämpfen, Holocaust-Museen bauen, das Iran-Abkommen verurteilen, auf den Umzug ihrer Botschaften nach Jerusalem drängen, von Israels Sicherheitsdiensten lernen und israelische Interessen innerhalb der Europäischen Union verteidigen. Der

Niederländer Geert Wilders lebte über ein Jahr hinweg in Israel und besuchte es seither dutzende Male. Dass die europäischen Juden dort weitaus sicherer leben, wo Zivilisationisten strenge Einreisekontrollen einführen, kann die Wertschätzung vonseiten Israels nur noch weiter verfestigen; es berichteten 2017, wie die amerikanisch-israelische Journalistin Evelyn Gordon festhält, „die 100.000 ungarischen Juden von keiner einzigen Gewaltattacke, während die 250.000 britischen Juden von 145 berichteten."

Als Erwiderung auf diese Herzlichkeit und Sicherheit kooperiert die israelische Regierung zunehmend mit Zivilsationisten – sieht sich dann aber der Wut der europäischen Juden ausgesetzt, denen Schutz zu bieten es gelobte, wodurch es in eine Art ausweglosen Situation gerät. Beispielsweise wünscht sich Jerusalem eindeutig eine Zusammenarbeit mit der proisraelischen, vonseiten der FPÖ ernannten österreichischen Außenministerin Karin Kneissl, aber die österreichischen Juden verurteilten dieses Vorhaben nachdrücklich, indem sie sogar so weit gingen, davor zu warnen, dass sie Jerusalem „bekämpfen werden".

Schlussfolgerung

Zwei Bemerkungen vorab: Selbstverständlich ist weder die europäische Judenheit noch die israelische Regierung homogen. Paula Bieler in Schweden, Gidi Markuszower in den Niederlanden und David Lasar in Österreich sitzen für ihre jeweiligen zivilisationistischen Parteien im Parlament; die Bundesvereinigung *Juden in der AfD* unterstützt die deutschen Zivilisationisten. Im Gegensatz dazu verhält sich der israelische Staatspräsident Reuven Rivlin wie ein *Dhimmi*: als er für eine Londoner Zeitung über Antisemitismus schrieb, vermied er es aufs Höflichste, auch nur den Namen

Corbyns zu nennen, während er andernorts Zivilsationisten hasserfüllt als „neo-faschistische Bewegungen" darstellt, „die großen und sehr gefährlichen Einfluss haben" (und zwar ungeachtet dessen, dass er „ihren starken Einsatz für Israel" eingesteht). Im Einklang mit dieser Haltung verweigerte Rivlin ein Treffen mit Salvini.

Zweitens besitzen diese europäischen Spannungen ein amerikanisches Pendant: die israelische Regierung hat wesentlich bessere Beziehungen zur Regierung Trump als das US-amerikanische jüdische Establishment. Symbolisch dafür steht, dass die jüdische Gemeinde in Pittsburgh, als Donald Trump anreiste, um die elf in der Synagoge ermordeten Juden zu betrauern, gegen seine Anwesenheit protestierte und so dafür sorgte, dass der israelische Botschafter in den Vereinigten Staaten den Präsidenten alleine willkommen heißen musste.

Falls der Kampf hitziger werden sollte, steht sein Ausgang bereits jetzt schlechterdings fest: die Staatsräson wird die israelische Regierung letztlich dazu bringen, sich über die Bedenken der örtlichen jüdischen Gemeinden hinwegzusetzen und mit Zivilisationisten zusammenzuarbeiten, während die europäischen Juden weiterhin auswandern und ihren eigenen Einfluss zunehmend verringern werden. Diese Entwicklung ist begrüßenswert, denn Zivilisationisten sind keine Bedrohung im Stile der 30er Jahre, wie sie Oppositionspolitiker und Mainstream-Medien an die Wand malen, sondern vielmehr eine gesunde Antwort auf ein außerordentliches Problem. Tatsächlich verhält es sich so: je schneller die israelische Stimme tonangebend sein wird, desto besser für alle – Europa, seine jüdische Bevölkerung und den Staat Israel. Die einzige Frage besteht darin, wie bald das geschehen wird.

III. BESTÄNDE

DIMITRI SCHULZ

Ehrfurcht und Elternschaft

Über das fünfte Gebot
und die bundesrepublikanische Familienpolitik

Um das jüdische oder hebräische Denken nachvollziehen zu können, lohnt es sich, eingangs einen Blick auf die hebräische Sprache zu werfen. Betrachten wir zunächst einmal die hebräischen Buchstaben. Im Deutschen bedeutet ein einzelner Buchstabe in den meisten Fällen nichts, wenn er nicht mit anderen Buchstaben zu einem Wort zusammengefügt wird. Die Buchstaben tragen keine Bedeutung in sich selbst. Im Hebräischen jedoch hat jeder einzelne Buchstabe eine Botschaft und eine Bedeutung. Schon ein einzelner hebräischer Buchstabe kann auf mindestens drei verschiedene Arten sprechen – als Bild, als Klang und als Zahl. Das hebräische Wort für „Buchstabe" etwa ist *ot* (אות). Es bedeutet zudem „Zeichen" oder „übernatürliche Zeichenhandlung", so wie zum Beispiel die Zeichenhandlung, die Mose vor dem Pharao vollbrachte.

Insgesamt besteht das althebräische Alphabet aus 22 Buchstaben. Es gibt rabbinische Lehrer, die glauben, dass G'tt diese hebräischen Buchstaben während des Vorgangs der Schöpfung sprach und Wörter aus ihnen bildete, um daraus Schöpfung in die Realität zu rufen.

Die ursprünglichen Buchstaben des Althebräischen, auch Paläohebräisch genannt, waren allesamt Bilder, und noch heute ist das Hebräische sehr bildlich.

Man betrachte die Bilder der hebräischen Buchstaben anhand des Wortes יהוה. Es gilt zu bedenken, dass das Hebräische von rechts nach links gelesen wird und nicht, wie etwa das Deutsche, von links nach rechts. Das Wort יהוה ist der heilige Name G'ttes und besteht aus den vier Buchstaben *Jod, He, Waw, He*, wobei ein Buchstabe doppelt auftaucht.

Aufschlussreich ist es, zu prüfen, welche Bilder jeder einzelne dieser vier Buchstaben in sich trägt. Der erste Buchstabe ist י *(Jod)*. Es ist der kleinste Buchstabe im hebräischen Alphabet. *Jod* bedeutet „Hand". Es ist gleichzeitig das Bild einer Hand und der Name des Buchstabens. Der nächste Buchstabe erscheint doppelt und heißt ה *(He)*. *He* bedeutet „achte auf dies" oder „hier ist es" und repräsentiert „Atem" oder „Geist". Das Bild ist das eines geöffneten Fensters. Der Buchstabe ו *(Waw)* bedeutet „Haken", „Klammer" oder „Nagel". Wenn wir die Bedeutung der drei Wörter kennen und das Wort יהוה *(JHWH)* betrachten, sehen wir eine Hand, zwei Mal „achte auf dies" und einen Nagel. Das scheint schon beinahe nach einer Botschaft zu klingen: „Achte auf die Hand, achte auf den Nagel."

v)

Wenn wir noch weiter gehen, sehen wir, dass der Buchstabe ה *(He)* zweimal im Namen G'ttes auftaucht. *He* klingt wie Atem, der die Lunge verlässt, oder wie ein Windstoß, ein Frikativ. Das Bild für den Buchstaben *He* ist ein offenes Fenster, durch das Wind ein- und ausgehen kann. Das Wort für „Atem" oder „Wind" im Hebräischen ist רוח *(ruach)* und bedeutet auch „Geist". Tatsächlich erscheint der Buchstabe *He* in den zahlreichen Fällen im Zusammenhang mit dem Geist.

Es lohnt sich ein Blick darauf, wie der Buchstabe *He* in anderen hebräischen Worten bedeutungsvoll gebraucht **wird und welche semantischen Veränderungen er herbeiführt. Das hebräische Wort** für „Vater" ist אב (*av*). Es besteht aus den ersten zwei Buchstaben des hebräischen Alphabets. Es ist interessant, dass ausgerechnet die ersten beiden Buchstaben des hebräischen Alphabets das Wort „Vater" bilden. Der erste Buchstabe ist א (*Aleph*) und bedeutet „Kraft". Der nächste Buchstabe ב (*Bet*) und bedeutet „Haus". Der Vater ist die Kraft des Hauses, die Kraft des Hausstandes. Kann es sein, dass die westliche Welt auseinanderfällt, weil die Kraft des Hauses häufig fehlt? Zufälligerweise sind es die gleichen zwei Buchstaben, *Aleph* und *Bet*, von denen sich der deutsche Ausdruck „Alphabet" herleitet.

Wenn wir den Buchstaben ה (*He*) in die Mitte des Wortes für „Vater" – אב – setzen, bildet sich ein neues Wort, das von großer Bedeutung ist: אהב (*a-h-v*). Dies ist die Wurzel für das Verb „lieben". Das dazugehörige Nomen bildet sich durch ein weiteres ה (*He*) am Ende des Wortes, indem daraus אהבה (*ahavah*) entsteht, das „Liebe" bedeutet:

G'ttes Name		יהוה
He		ה
Vater	*av*	אב
‚lieben'	*a-h-v*	אהב
Liebe	*ahavah*	אהבה

Sogar die hebräischen Buchstaben zeigen deutlich auf, dass G'tt der Vater, die Quelle jedweder Liebe ist. Wenn wir uns das Wort יהוה, den Namen G'ttes, ansehen, kommen wir nicht umhin, zu bemerken, dass die beiden *He* jeweils an den gleichen Stellen stehen wie im Wort אהבה (Liebe). Das ist ein überwältigendes Bild.

Der kleine Ausflug in die Kraft der einzelnen Buchstaben im Hebräischen ist hoffentlich imstande, zu verdeutlichen, dass jeder einzelne Buchstabe wichtig ist und bereits die Veränderung eines einzigen Buchstaben den ganzen Sinn eines Wortes, geschweige denn eines Satzes stark verändern kann.

Vergleicht man die zehn Gebote im Judentum – also die originalen zehn Gebote – mit den christlichen zehn Geboten, stößt man auf zunächst unerheblich scheinende, in ihrer ganzen Tragweite aber gewaltige Unterschiede. In der christlichen Tradition wurden die ersten beiden Gebote zusammengefasst und das zehnte Gebot in zwei Gebote aufgeteilt. Da jeder Buchstabe eine große Wirkung besitzt, ist die Reihenfolge der zehn Gebote nicht zufällig. Moses brachte dem Volk Israel zwei steinerne Tafeln mit jeweils fünf Geboten. Die ersten fünf Gebote auf der ersten steinernen Tafel gelten für die Beziehung zwischen dem Menschen und G'tt und die zweiten fünf Gebote auf der zweiten steinernen Tafel für die Beziehung zwischen Mensch und Mensch. Es besteht hier also ein Gleichgewicht. Durch die Veränderung der zehn Gebote in der christlichen Tradition wird dieses Gleichgewicht zerstört und lässt ein Ungleichgewicht entstehen. Somit bleiben im Christentum nur vier Gebote für die Beziehung zwischen Mensch und G'tt, aber sechs Gebote für die Beziehung zwischen Mensch und Mensch. Daraus folgt, dass im Christentum die Bedeutung der Beziehung zwischen G'tt und Mensch gesenkt und die Bedeutung der Beziehung zwischen Mensch und Mensch erhöht wird.

Diese Veränderung der Schrift durch die Kirche ist kein einmaliger Akt, sondern ein ständiger Prozess. Ganz deutlich sichtbar wird dieser Umstand in Bezug auf die Nächstenliebe. Die roten, grünen und schwarzen Atheisten missbrauchen die Nächstenliebe für ihre Flüchtlingspolitik. Die Kirche unterstützt diese Politik und setzt Seenotretter sogar mit Jesus Christus gleich.

Dass G'tt der Vater, die Quelle der Liebe ist, dürfte bereits ersichtlich geworden sein. Wenn sich also die Kirche oder eine Nation von der Quelle der Liebe entfernt, kann sie sich selbst als Kirche bzw. Nation nicht lieben und erst recht keine Nächstenliebe mehr praktizieren.

Der Auftrag der Kirche sollte es sein, das Evangelium zu verkündigen, sich für Ehe und Familie einzusetzen. In der Familienpolitik schweigt die Kirche. Anstatt sich öffentlichkeitswirksam gegen Frühsexualisierung und für die Familie als Keimzelle der Gesellschaft, für den Schutz der Ehe zwischen Mann und Frau und vor allem für den Schutz von Ungeborenen einzusetzen, engagiert sich die Kirche teilweise sogar aufseiten der Befürworter und Triebfedern all dieser Missstände.

Es heißt, dass die Familie die Keimzelle der Gesellschaft sei. Im Judentum gehen wir noch einen Schritt weiter, wo es bei uns doch heißt, dass die Plicht, Vater und Mutter zu ehren, die Grundlage jedweder funktionierenden Gesellschaft sei. Es ist das fünfte Gebot: „Ehre deinen Vater und deine Mutter, damit deine Tage lang werden in dem Land, das der Ewige, dein G'tt, dir gibt" (2. Buch Mose 20, 12). Die eminente Bedeutung dieses Gebotes erkennt man daran, dass es sich unter den ersten fünf Geboten findet, die eigentlich die Beziehung zwischen G'tt und Mensch regeln. Vater und Mutter stehen auf der ersten Steintafel der zehn Gebote statt auf der zweiten, weil G'tt Schöpfer ist und Vater und Mutter durch die Zeugung von Kindern sozusagen auch schöpferisch tätig werden. Das ist es, was Eltern mit G'tt gemein haben: die Fähigkeit zum Akt der Schöpfung neuen Lebens.

Die politische Entwicklung in der westlichen Welt geht dahin, Vater und Mutter durch Elternteil 1 und Elternteil 2 zu ersetzen. Da die Kirche es aber vorzieht, die AfD statt die weitere Entfremdung von den Geboten G'ttes zu bekämpfen, ist es mir als einem gläubigen Menschen derart wichtig, mich in der AfD für unsere jüdischen Werte und G'ttes Prinzipien einzusetzen. Da die AfD für die Bewahrung christlich-jüdischer Werte eintritt, ist sie auch die einzige Partei, mit deren Hilfe man G'ttes Prinzipen in der Politik umsetzten kann.

ORIT ARFA

Dämonisierung und Popkultur

Über die mögliche Vorbildfunktion
der israelischen Rechten für Deutschland

Für viele Deutsche und auch Israelis bin ich ein Geheimnis. Warum schloss ich mich dem Zug des Hasses gegen die AfD nicht an? Ich würde mich nicht als AfD-Unterstützerin bezeichnen. Als Journalistin halte ich einen gewissen professionellen Abstand. Aber ich kann sagen, dass ich sicherlich Sympathien für die AfD hege und daran glaube, dass sie von den Medien sehr ungerecht behandelt wird. Und, nicht zuletzt, von dem Mainstream der jüdischen Gemeinden.

Wie konnte ich mir so sicher sein, dass AfDler keine bösen Menschen sind? Dass sie keine Rassisten sind? Zuerst einmal habe ich einige AfDler getroffen. Und ich weiß, dass es sehr gute Menschen sind, einige der besten, die Deutschland hat. Sie kämpfen für die Sicherheit ihrer Familien, für die Werte der wahren Gerechtigkeit und Freiheit und für den wahren Fortschritt in diesem Land.

Aber ich war auch in der gleichen Situation, nur nicht hier. In Israel. Vor 14 Jahren.

Nun kann ich mir vorstellen, dass meine Kritiker mich ungläubig auslachen werden, wenn ich behaupte, die AfD mit den engagiertesten Juden in Israel vergleichen zu können, denen mit der stärksten jüdischen Identität. Aber genau das ist es, was ich tun werde. Und ich denke, dass das nicht allzu überraschend sein sollte, denn die Medien nennen diese israelischen Patrioten und jüdischen Rechtsaktivisten auch „Nazis".

Vor 14 Jahren erlebte ich ein lebensveränderndes Ereignis. Ich erkundete Gush Katif in Gaza, eine Insel friedlicher Juden, meist Landwirte, die von der Regierung in den 1970er Jahren dorthin geschickt worden waren, um Dörfer und Gemeinden zu errichten, die helfen sollten, die Südgrenze Israels zu bewachen. Diejenigen, die dorthin gingen, waren Pioniere, die das Land am meisten liebten. Sie wussten, dass die beste Verteidigung darin bestand, außerhalb der Waffenstillstandslinien von 1967, im Herzen einer arabischen Bevölkerung zu leben. Es würde eine Pufferzone zwischen Israel selbst und Gaza geschaffen, und die Armee könnte neben ihnen leben und in der Region operieren, um Terroristen auszuschalten.

Sie waren meist religiöse Juden – keine sogenannten Ultra-Orthodoxen, bekannt für ihre schwarzen Hüte und Gewänder, die nicht an den Staat Israel glauben, weil der Messias noch nicht gekommen sei. Diese „Siedler", wie man sie nennt, waren moderne Orthodoxe. Sie glaubten, dass der Staat Israel der Beginn der Erlösung sei. Sie glaubten an *Torah u'Maddah*, Torah und Wissenschaft. Sie arbeiteten mit der Welt, nicht isoliert von ihr. Sie pflanzten, bauten und verkauften wunderbare Produkte und Blumen für Israel und Europa. Sie waren bekannt dafür, käferfreien Salat im Sand anzubauen.

Im Juli 2005 wusste ich, dass ich Gush Katif besuchen musste und es meine letzte Chance sein könnte. Für August 2005 plante der damalige Premierminister Ariel Sharon, diese Siedlungen zu beseitigen. 9.000 Menschen. Sharon – der berühmte „rechte Krieger", der Anführer des Likud (der wie die CDU in Deutschland war) – beschloss, dieses Land zur Belohnung an Terroristen zu übergeben, die während der seit 2001 andauernden Zweiten Intifada Hunderte von Juden ermordet hatten.

Um das verstehen zu können, muss ich mich zugleich fragen: „Warum hat Merkel, die früher konservative Anführerin, so viele arabische Muslime in dieses Land gelassen? Und warum folgten ihr so viele Menschen?" Ich glaube nicht, dass wir die Antwort jemals zu einhundert Prozent erfahren werden.

Aber was ich bestätigen kann: Beide Operationen – der Rückzug aus Gaza und die Öffnung der deutschen Grenzen – wurden weltweit gefeiert. In Israel bedeutete der Abzug: Israel sei kein Besatzer mehr. *Endlich! Israel könne eine normale Nation sein.* Man werde die sogenannte Misshandlung oder Unterdrückung der Palästinenser beenden.

Lügen wurden erzählt: „Der arabische Gazastreifen wird das nächste Singapur sein!" „Der Terrorismus wird aufhören!" „Wir werden in Frieden leben!"

Und in Deutschland das Gleiche: „Diese neuen Einwanderer werden die Wirtschaft beleben!" „Sie werden sich integrieren!" „Sie sind gebildete Menschen, sie begehen keine Verbrechen! Und wenn sie es doch tun sollten, so hat das nichts mit dem Islam zu tun!"

Und sowohl in Israel als auch in Deutschland glaubte die Mehrheit daran. Ich wusste jedoch, dass etwas nicht stimmte: Das würde keinen Frieden bringen. Mehr noch: Es war grausam, Tausenden von Juden die Heimat zu nehmen für ein ungewisses Ergebnis.

Als Journalistin schloss ich mich ihrer Bewegung an. Ich band auch das orangefarbene Band an mein Auto – ein Symbol der Bewegung zur Rettung von Gush Katif. Aber viele Menschen assoziierten das orangefarbene Band mit einem Aufruf zu Krieg, Unterdrückung der Palästinenser, Extremismus.

Wenn die Leute an mein Auto kamen, konnten sie nicht verstehen, wie ich als säkulare Israelin mit diesen „religiösen Extremisten" umgehen und mit ihnen sympathisieren könne. Die Wahrheit ist, dass ich sie nicht allzu gut kannte, also ging ich nach Gush Katif, um es selbst zu sehen.

Die Medien bezeichneten die Bewohner von Gush Katif als „Extremisten" und warnten davor, dass sie Gewalt anwenden und gegen die israelische Armee kämpfen würden. Und zwar unabhängig davon, dass diese Bewohner zu den loyalsten Bürgern Israels gehörten, mit einem hohen Anteil an Soldaten, die in den höchsten Armeeeinheiten dienten. Dennoch wurden sie von den Medien oft unpersönlich, objektiviert als „Siedler" bezeichnet.

Die Medien, im Gleichschritt mit der Regierung, mussten diese Menschen entmenschlichen. Man kann niemanden dazu bringen, seine eigenen Leute aus ihren Häusern herauszuholen, ohne sie vorher zu entmenschlichen oder schlimmer noch: sie zu dämonisieren. Man musste sie zu Extremisten machen – zu einer Gefahr für den Frieden, die Israel niemals ein normales Land werde sein lassen, die israelische Soldaten gefährde, indem sie sie dazu bringe, in Gaza zu bleiben. *Sie seien Parasiten des Staates, die Ressourcen, Sicherheit, Geld für die Unterbringung beanspruchen würden, – ohne all das jemals zurückzugeben.*

Und das waren die Bilder, die ich bei meinem ersten Besuch in Gush Katif im Kopf hatte, die dann aber eine Familienfreundin berichtigte, die dort ihren Zivildienst absolvierte. Ayelet war so schön und so cool. So viele der jungen Leute dort waren schön und cool. Sie waren religiös – das ist wahr –, aber Normalos, keine Fanatiker. Ich erfuhr bei meinen dortigen Schabbat-Dinnern, dass die Bewohner hart gearbeitet hatten, um das Land zum Blühen zu bringen. Sie hatten Araber aus Gaza beschäftigt und zunächst positive Beziehungen zu ihren arabischen Nachbarn gepflegt, bis Arafat die Kontrolle übernahm, der Erzterrorist.

Sie warnten davor, dass die Hamas die Macht übernehmen werde. Sie sahen so deutlich, dass, sobald sie gezwungen sein würden, zu gehen, die erste Rakete auf die Grenzstadt Sderot fallen werde. Diese Raketenangriffe hörten seither nicht mehr auf.

Es waren herzliche Menschen, gute Menschen, Familienmenschen. Aber ich kann sagen, dass ich nie ein Teil von ihnen war. Ich wurde nicht ganz als Teil von ihnen akzeptiert. Einige wollten meine journalistische Unterstützung, aber ich war immer noch eine Außenseiterin. Ich war nicht Teil ihrer Gemeinschaft.

Allerdings waren sie friedlich, vielleicht zu sehr. Mitglieder der Gemeinschaft übergaben der Regierung in einer Zeremonie ihre Waffen, um damit zu zeigen, dass sie keinen Krieg wollten und dass sie nicht gewalttätig waren (obwohl die Medien davon kaum berichteten).

Ihr großer Plan war es, mit den Soldaten zu sprechen und sie davon zu überzeugen, die Räumung nicht zu vollstrecken. „Mit Liebe werden wir gewinnen!" Das war ihr Slogan.

Aber am Tag der Vertreibung tauchte ich in der Hauptsynagoge auf, mit meinem Hemd über meinem Bauchnabelring (den ich nicht mehr habe), ein Rabbiner kam auf mich zu und sagte, meine Kleidung sei nicht angemessen. Ich dachte: „Wir sind von jüdischen Soldaten umgeben, die eine Synagoge entweihen wollen, ist das deine größte Sorge? Wirklich?"

Es erinnerte mich daran, wie allein ich dort war. Eine Mischung aus dem kühlen, weltlichen Tel Aviv und diesen religiösen, idealistischen, einfach gläubigen Menschen.

Man zerrte mich mit den anderen aus der Synagoge, und mein zionistischer Traum zerbrach. Ich erinnere mich daran, die Soldaten angeschrien zu haben: „War das der Grund, aus dem ich nach Israel gekommen bin? Um aus einer Synagoge gezerrt zu werden?" Es war ihnen egal.

Zurück in Tel Aviv musste ich mir meine eigene Welt aufbauen, eine Welt, in der alle meine Lebensbereiche zusammenfielen, und so entstand mein Roman *Die Siedlerin* über eine Evakuierte aus Gush Katif, die auf den Tanzflächen von Tel Aviv rebelliert.

Aber was hat das alles mit der AfD zu tun? Die Erfahrungen in Gaza lehrten mich, wie Medien und Regierung eine ganze Bevölkerung dämonisieren können. Gush Katif lehrte mich, dass Mainstream-Medien die Wahrheit bestenfalls trüben oder im schlimmsten Fall lügen. Die Art und Weise, auf die ich gesehen hatte, wie die „Siedler" von Gush Katif behandelt wurden, war dieselbe Art und Weise, wie ich sehr gute Menschen in der AfD behandelt sah.

Ihr wurdet sogar beide mit den gleichen Namen verunglimpft: Extremisten, Rassisten, Kriegstreiber.

Die meisten Menschen mit gesundem Menschenverstand, die Gush Katif besuchten oder AfD-Wähler persönlich trafen, fanden dort sehr gute Menschen, kluge Menschen, Antirassisten, die die Wahrheit sagten und die Zukunft voraussehen konnten. Ja, ich traf auch AfD-Wähler, die zu den Stereotypen passen – ein wenig zu verständnisvoll für Hitler und nicht wirklich demokratisch –, aber sie bilden eine Minderheit. Genauso gab es in Gush Katif nur wenige von den Stereotypen, die gerne Palästinenser erschießen oder einen antidemokratischen Gottesstaat etablieren würden.

Aber ich lernte mehr, als den Medien zu misstrauen. Ich lernte, der jüdischen Gemeinde und den jüdischen Anführern zu misstrauen.

Ich kann verstehen, warum linke Organisationen Gush Katif verließen, aber was ist mit jüdischen und zionistischen Organisationen? Eine Mehrheit der Likud-Parlamentarier unter der Führung Ariel Sharons stimmte für den Rückzug, darunter auch der jetzige Premierminister Benyamin Netanyahu. Es gab also wenig Opposition. Das Gleiche gilt in Deutschland. Als Merkel die Entscheidung traf, die Grenzen für Menschen mit fragwürdigen Motiven und Werten zu öffnen, traf sie auf wenig Widerstand. Schließlich war es die „große Anführerin", „Mutti Merkel", die diesen Schritt machte.

Und die internationalen Medien lobten Merkel, so wie die internationalen Medien Ariel Sharon plötzlich als Friedensstifter gelobt hatten. *Sie seien Helden!* Ihre Fehler wurden übersehen und vergessen. Und ihre Anhänger wollten immer noch in dieser Clique bleiben. In Amerika gab es nur wenige kleine zionistische Organisationen, die sich entschieden gegen die Vertreibung aussprachen. Die meisten anderen wollten ihre Spender nicht verprellen, indem sie eine unbeliebte Position vertraten, die gegen die Regierung Sharon gerichtet war. Zu viele Mächte und Interessen waren mit dieser Vertreibung verbunden. Wenn man dagegen ankämpfte, dann kämpfte man gegen die ganze Welt. So wie man die ganze Welt gegen sich hat, wenn man gegen die Flüchtlings-politik von Merkel ist.

Wenn man anders denkt und gegen den Mainstream ist, so hat man die Chance, auch als „Rassist", „Extremist" bezeichnet zu werden, – als ob es nichts Extremes daran gäbe, Juden am hell-lichten Tag aus ihren Häusern zu zerren oder eine Million Men-schen aus fragwürdigen Ländern ungehindert über die Grenzen ins Land zu lassen. Aber die meisten Menschen wollen nur, dass das Leben einfach ist. Diejenigen unter meinen Freunden, die meiner Meinung waren, wollten sich nicht öffentlich gegen den Rückzug aus Gaza aussprechen.

Und jetzt können wir verstehen, warum sich auch so viele jü-dische Organisationen, wie das American Jewish Committee, der Zentralrat der Juden und pro-israelische Organisationen, gegen die AfD stellten. Sie hielten für die Juden von Gush Katif den Kopf nicht hin. Warum sollten sie für eine politisch inkorrekte Pro-Israel-Partei ihren Kopf riskieren? Die *Juden in der AfD* sind für Deutschland dasselbe, was die „Siedler" von Gush Katif für Israel sind.

Ich sage immer, dass Israel und Deutschland miteinander ver-bunden sind, mehr als andere Nationen. Sie wollen, dass die Welt sie liebt. Sie wollen ,normal' sein. Der Abzug aus dem Gazastreifen und die Willkommenskultur für Flüchtlinge waren ihre Chance, in die Familie der Nationen aufgenommen zu werden. *Wer wagt es, dies zu ruinieren?*

Doch in Deutschland hat die AfD einen Vorteil. Man ist hier patriotisch, aber weniger sentimental gegenüber der Regierung, im Gegensatz zu Israel, wo die Zionisten immer noch zur Re-gierung aufblicken. Dort gab es Fälle von staatlich geförderten

110

Rabbinern, die ihre eigenen *Yeshivot* evakuierten, weil sie nicht gegen den Staat vorgehen wollten.

Die AfD spricht sich entschieden gegen die Regierung aus, spricht sich energisch gegen den radikalen Islam aus. Die Siedler waren so loyal zu ihrem Land und ihren Soldaten. Sie konnten nicht wirklich um ihr Leben kämpfen. Und dabei war ihr Leben ruiniert. Sie verloren ihre Arbeitsplätze, ihre Farmen, ihre Gemeindeverbindungen. Sie wurden in Wohnwagen untergebracht. Ehen zerbrachen daran, es folgten psychische Probleme, schwindendes Vertrauen in religiöse Institutionen, Glaubenskrisen. Einige Menschen starben buchstäblich an einem gebrochenen Herzen.

Viele erlebten eine Zeit großer Selbstbeobachtung. Es gab einige, die sagten: Das war Gottes Wille. Aber so viele andere, besonders die Jugendlichen, fragten: Was hätten wir anders machen sollen?

Ich erinnere mich daran, dass der Vater eines Freundes während meines ersten Schabbat-Dinners in Gush Katif sagte: „Vielleicht waren wir zu isoliert. Wir hatten ein gutes Leben auf dieser Insel. Wir hatten keinen Kontakt mit Tel Aviv und dem Zentrum des Landes. Wir waren nicht Teil des Kulturlebens in Israel. Wir haben es ihnen zu leicht gemacht, uns zu verteufeln. Niemand kannte uns. Vielleicht haben wir es nicht verdient, hier zu bleiben."

Und nach der Vertreibung wechselten viele von ihnen den Beruf. Sie konnten keine Landwirte mehr sein. Ein Aktivist begann, Anzug und Krawatte zu tragen, und eröffnete eine sehr erfolgreiche PR-Firma, die Anliegen von Siedlern vertritt. Zwei weitere Freunde gingen auch in die Öffentlichkeitsarbeit. Einer der Evakuierten wurde zu einem gefragten Talkshow-Gast und sprach öffentlich über seinen Verlust, zu Millionen israelischer Zuschauer. Man sah, wie die Siedler mondäne Menschen zu ihren Vertretern ernannten: Dani Dayan wurde zu einem sehr erfolgreichen, säkularen Botschafter der Siedler in Judäa und Samaria und half ihnen, Teil des Mainstreams zu werden. Er ist jetzt Generalkonsul in New York. Einige gingen in die Öffentlichkeit, nicht unbedingt in die politische Öffentlichkeit. Ein Mann, der in Gush Katif studierte, ist ein sehr erfolgreicher Gemeindeorganisator in Berlin! Er berührt viele Menschen und bringt ihnen jüdische Werte näher. Und was ist mit meiner lieben Freundin Ayelet geschehen? Nun, sie trotzte allen Stereotypen, als sie eine Pole-Dance-Schule in Jerusalem gründete, und entschuldigte sich nie dafür, eine „Siedlerin" zu sein. Sie wurde zum Teil der Popkultur.

Und was ist mit mir? Ich drehte einige bekannte Videos, in denen ich politische Botschaften in Parodien auf Songs von Miley Cyrus verpackte. Sie waren das Gesprächsthema der Stadt! Zusammengenommen hatten sie beinahe eine halbe Million Aufrufe.

Nach dem Abzug verstanden viele, aber nicht alle, dass wir einen Einsatz würden leisten müssen, aber nicht durch Predigten, sondern durch Integration. Für die Menschen in Judäa und Samaria war es einfacher. Sie waren nicht auf einer Insel – sondern vierzig Minuten von Tel Aviv entfernt. Sie agierten als Botschafter. Einige hörten auf, zu denken: *„It's us versus them."*

Und jetzt glauben in Israel nur noch Verrückte wirklich daran, dass es eine gute Idee sei, den Arabern das Westjordanland zu überlassen. Bis hierhin: Gush Katif hat gewonnen!

Natürlich erfuhren die Siedler viel Hilfe: von gewalttätigen Arabern in Gaza. Ihre Prophezeiungen wurden wahr. Seit dem Abzug war Israel in vier Kriege mit Gaza verwickelt. Mit Dutzenden von zivilen und militärischen Opfern. Das Zentrum Israels wurde mit Raketen beschossen.

Ebenso bewahrheiteten sich die Vorhersagen der AfD als richtig. Einige Migranten begingen schreckliche Tötungsdelikte. Es gab Massenangriffe auf Frauen. Einige integrieren sich in die deutsche Gesellschaft, aber viele nicht. Dennoch haben die meisten Menschen Angst, öffentlich zu sagen, dass die AfD recht gehabt habe.

Die AfDler durchliefen nicht die schreckliche Vertreibung der Gush Katifer, aber auch sie fürchten um ihren Lebensunterhalt, ihre Häuser. Wer will, bei all der Dämonisierung, eine Wohnung an jemanden aus der AfD vermieten? Wer möchte jemanden aus der AfD einstellen? Und ich verstehe, dass sich so viele AfDler isoliert fühlen.

Aber ich denke, dass das, was wir aus Gush Katif lernen können, Folgendes ist: Betrachte die Lage nicht immer nur als „Wir gegen sie". Sei Teil des Kulturlebens, beeinflusse es. Füttere nicht die Stereotypen über dich. Zeige, dass du normal bist. Dass du cool bist. Nicht alles muss eine Provokation sein (so sehr ich eine gute Provokation auch lieben mag). Entwickle gute Manieren. Verwende Popkultur. Unterstütze Flüchtlinge, die wirklich integrationsbereit sind. Zeigt, dass ihr die wahren Liberalen seid!

Sprich darüber, wer du bist und wofür du mit Liebe stehst – jetzt, bevor es zu spät ist. Mach es ihnen nicht so leicht, dich als verrückten Rassisten zu bezeichnen. Suche nicht nach Abkürzungen auf dem Weg zur Aufmerksamkeit... Gelange mit den richtigen Werten in die Köpfe der Menschen. Erhalte positive Aufmerksamkeit.

Vielleicht verliert man in Deutschland seine Heimat nicht, wenn man isoliert bleibt, aber man kann seine Sicherheit, seinen Frieden und das Beste aus seiner Kultur verlieren. Tue nicht, was wir in Israel getan haben: Warte nicht, bis zu viele sterben, bis das Land mit selbstschädigenden Maßnahmen aufhört. Sei der mächtige, weise und einflussreiche Friedensstifter, der du sein kannst.

Religion und Geopolitik

Über die entscheidende Bedeutung
Judäas und Samarias für Israel und Europa

Als mein Vater in den 1930er Jahren der einzige jüdische Schüler an einer Nazischule in Kiel war, schrie man ihm zu: „Juden nach Palästina!" Warum wollten die Nazis die Juden gerade nach Palästina schicken? Immerhin könnte man, angesichts der heutigen Berichterstattung in den Medien, leicht den Eindruck gewinnen, dass es sich bei diesem ,Palästina' um das Land des ,palästinensischen', mithin eines arabischen Volkes, handle. Warum sollte man also die Juden gerade dorthin schicken wollen?

Nachdem die Römer vor etwa 2000 Jahren das Land Israel erobert hatten, nannten sie es ,Provinz Judäa'. Als das „Jüdische Land" erscheint dieser Landstrich auch im Neuen Testament. Nach zwei Aufständen innerhalb von 70 Jahren, für die Römer sehr schmerzhaften Revolten, beschloss Kaiser Hadrian 135 n. d. Z., zusätzlich zum Massaker an 700.000 Juden und der massenhaften Versklavung und dem anschließenden Verkauf von Juden, auch noch die jüdische Identität des Landes auszulöschen. Wie ist dergleichen zu vollbringen? Wenn die einzige Macht in der westlichen Welt die Namen auf der Landkarte ändert, wächst eine Generation heran, die keine anderen Namen kennt; und so ist Jerusalem zu ,Aelia Capitolina' und die ,Provinz Judäa' zur ,Provinz Palästina' geworden. Woher hatte man diesen Namen genommen? Von den Philistern, die in der Vergangenheit dort gelebt hatten und schon verschwunden waren. Die darin enthaltene Ironie besteht in der Tatsache, dass ‚Philister‘ in der Bibel fremde Völker sind, die nach *Eretz Israel* gekommen waren, und einen allgemeinen Namen bekamen, dessen Übersetzung „Eindringlinge“ lautet.

Die Juden, die in die weite Welt zerstreut worden waren, pflegten über 2000 Jahre hinweg, in beispielloser Weise, eine lebenslange Beziehung zu dem Land, aus dem sie ins Exil geschickt worden waren. Juden lebten in Europa und beteten für Regen, der in einem fernen Land fallen sollte, in welches zurückzukehren sie sich erträumten; sie erwähnten Jerusalem bei der Hochzeitszeremonie, in allen täglichen Gebeten; und auch am Ende der Zeremonie des Pessach-*Seders* erklärten sie jahrtausendelang Jahr für Jahr: „Nächstes Jahr in Jerusalem!“, d.h. also, dass die gesamte jüdische Welt außerhalb von *Eretz Israel* eine vorübergehende Erscheinung darstellt, die nur so lange Bestand haben soll, bis die Gelegenheit kommt, in das Land Israel zurückkehren.

Diese Verbindung wurde von allen Völkern verstanden, in deren Ländern die Juden als Gäste weilten; und deshalb war es allen Antisemiten, die sie vertreiben wollten, klar, dass eine etwaige Vertreibung in das Land der Juden zu geschehen hatte, das unter dem Namen ‚Palästina‘ bekannt war.

Als der ‚Völkerbund‘ nach dem Ersten Weltkrieg gegründet worden war, wurde beschlossen, Frankreich und Großbritannien aufzuerlegen, im Nahen Osten Nationalstaaten aufzubauen, auf jenem riesigen Territorium, das nach dem Zerfall des osmanischen Reiches herrscherlos geworden war. Großbritannien erhielt das Gebiet, auf dem sich heute Israel, Jordanien und der Irak befinden, Frankreich den Libanon und Syrien, und zwar bloß in Form von Mandaten, mit dem erklärten Ziel, dort die fraglichen Staaten zu errichten. Das heutige Gebiet von Israel und Jordanien fiel also an Großbritannien als Mandatsgebiet, mit dem Ziel der Errichtung einer „nationalen Heimstätte" für das jüdische Volk (wegen seines „historischen Anrechts auf Palästina"), in welcher es politische Rechte ausschließlich für das jüdische Volk geben sollte, während der Rest der bestehenden nichtjüdischen ‚Gemeinschaften' nur Religionsfreiheit und Bürgerrechte erhalten sollte. Das war die Situation vor der Initiative namens ‚palästinensisches Volk', die erst im Nachhinein erfunden wurde, um sich der Definition des Begriffs der ‚Gemeinschaft' zu entledigen. Ein paar Monate nach der Ratifikation des Mandats bat das dominante Großbritannien im Jahre 1922 um die Erlaubnis (und erhielt sie tatsächlich), das Gebiet östlich des Jordans abzutrennen, und überließ es einer Familie, den Hashemiten, die das ‚Emirat Transjordanien' gründeten, das spätere Königreich Jordanien. Es ist überflüssig zu erwähnen, dass so etwas wie ein ‚jordanisches Volk' nicht existiert; die Bevölkerung des Königreichs besteht zu etwa 70 % aus lokalen sunnitischen Arabern, die sich heute selbst als ‚Palästinenser' definieren, und zu etwa 30 % aus Beduinenstämmen. Die Abtrennung ‚Transjordaniens' hinterließ dem jüdischen Volk weniger als ein Viertel des ursprünglich für ihn bestimmten Gebiets, nämlich nur dasjenige auf der westlichen Seite des Jordans, das ungefähr dem heutigen Israel entspricht.

In Artikel 80 der Charta der 1945 gegründeten Vereinten Nationen verpflichten sie sich dazu, die vorigen Verpflichtungen des Völkerbundes aus den früheren Mandaten einzuhalten. Daher sind die Vereinten Nationen bis heute der Festlegung verpflichtet, dass ‚Palästina' der für das jüdische Volk bestimmte Ort sein soll.

Im israelischen Unabhängigkeitskrieg 1948 griffen die Araber die etwa 600.000 auf dem Gebiet lebenden Juden, einige von ihnen Überlebende des Holocaust, an und „versprachen" offen, die

Arbeit Hitlers zu beenden. Israel gewann den Krieg, aber die Grenzen, die nach dem Kriegsausgang geschaffen worden waren, ließen Israel zurück ohne seinen bedeutendsten Teil, ohne das Herz der jüdischen Heimat: Judäa, Samaria und das historische Jerusalem, die von Jordanien erobert worden waren. Israel tröstete sich damit, dass eine vorläufige Basis geschaffen worden war, ein Brückenkopf, und dass es in der Zukunft noch ins Herz des Landes zurückkehren werde. Jordanien annektierte Judäa und Samaria auf illegale Weise, und nur Großbritannien und Pakistan anerkannten diese Annexion. Da entstand der Begriff ‚Westjordanland‘ (Westbank), der eigentlich einen politischen Begriff darstellt, einen rein technischen Namen, der geschaffen wurde, um die Verbindung zwischen der Region und dem jüdischen Volk auszulöschen.

Judäa und Samaria sind Bergregionen, die sich in Israels geografischem Zentrum befinden. Im Osten derselben liegt das tiefe, schmale Jordantal, und im Westen die Küstenebene. Dies sind historische Orte, von denen Bibelkundige wissen, dass an ihnen etwa 90 % der biblischen Geschichten spielen. Abraham, Yitzchak, Yaakov, Sarah, Rivkah, Leah, Rachel, Joseph, Joshua, Hannah, Schmuel, David, die Propheten, Jesus, Johannes: sowohl die Väter des jüdischen Volkes als auch die Gründer des Christentums und der westlichen Kultur lebten und handelten dort. International und nicht zuletzt in Deutschland vergebene Namen wie David, Samuel, Rebecca, Lea, Anna, Rachel, Sara, Jakob, Johann sind Variationen ursprünglich biblischer Namen. Die Gebiete, in denen sie lebten und handelten, Hebron, Shechem (Nablus), Jerusalem, Shiloh, Beit El, Bethlehem, der Jordanfluss, all diese Orte befinden sich in Judäa und Samaria, die die eigentlichen Entstehungsorte der westlichen Kultur von heute sind.

Dies ist das Herzstück der jüdischen Heimat, und dahin träumten die Juden zurückzukehren. Ein freiwilliger Verzicht der Juden auf das Herz der Heimat könnte eine Situation schaffen, in der die Existenz Israels sinnlos wäre. Die Araber wissen das, der ‚progressive' Kult der Politischen Korrektheit, der den Nationalismus, die Religion und jegliche Staatsgrenzen auslöschen will, weiß das, und ebenso all die Antisemiten, die Israel aus pathologischem Hass zerstören wollen.

Es brach 1967, 19 Jahre nach dem Unabhängigkeitskrieg, ein Krieg zwischen Israel auf der einen und Syrien und Ägypten auf der anderen Seite aus, in dem die Araber den Juden „versprachen", sie ins Meer zu werfen, mit dem Slogan: „Die Männer ins Meer, die Frauen an uns". Israel setzte die Jordanier darüber in Kenntnis, dass sie, sollten sie auf einen Angriff verzichten, keinen Schaden erleiden würden; aber sie wollten die erhoffte Beute bei einer etwaigen Gebietsaufteilung im Falle eines arabischen Siegs nicht verlieren, nahmen am Krieg teil und wurden zusammen mit ihren Partnern besiegt. Das Ergebnis des Krieges von 1967 war das Ende der jordanischen Besatzung des ‚Westjordanlands'. Das heißt: Entgegen den medialen Klischees war 1967 nicht der Beginn der Besatzung – sondern ihr Ende.

Israel weigerte sich, das Gebiet als besetzt zu definieren, weil es das Herzstück seines Landes darstellt (auch entsprechend dem Völkerrecht), wendete aber andererseits seinen völkerrechtlichen Anspruch auf diese Gebiete, mit Ausnahme von Jerusalem, nicht an, verzichtete also auf Annexion. Seitdem ist ihr Status für Israel provisorisch: es seien „gehaltene" oder „verwaltete Gebiete" (*administered territories*). Judäa, Samaria und Gaza sind die letzten Orte auf der Welt (mit Ausnahme der Antarktis), deren Souveränität völlig unklar und deren Status der von „umstrittenen Gebieten" (*disputed territories*) ist.

Für jemanden, der in einem so großen Land wie Deutschland lebt, ist es schwer zu verstehen, wie klein das fragliche Gebiet ist. Wenn man auf die Karte des Nahen Ostens blickt, sieht man, dass der Name Israels im Mittelmeer geschrieben steht, weil auf den Karten das Territorium des Landes keinen hinreichenden Platz bietet. Israels durchschnittliche Breite zwischen dem Mittelmeer und dem Jordan, der derzeitigen Grenze im Osten, beträgt nur 70 km, von denen etwa 50 km die Berge Judäas und Samarias einnehmen und nur etwa 20 km die Küstenebene am Mittelmeer. Judäa und Samaria sind bergiges Gelände, das von oben den Streifen der Küstenebene dominiert, deren schmalster Abschnitt nur 14 Kilometer breit ist! Der größte Teil der Bevölkerung, die Wirtschaftszentren und die Hauptverkehrsstraßen befinden sich in dieser Küstenebene, und wenn man die Karten von Paris, London oder Manhattan im gleichen Maßstab auf Israel von vor 1967 legen würde, sähe man, dass es sich eher um die Breite einer Stadt als um die eines Landes handelt. Diese Dimensionen meinte der israelische Außenminister von 1967, Abba Eban, als er die damaligen Grenzen als „Auschwitz-Grenzen" bezeichnete. Darüber hinaus dominieren die Gebirgszüge von Judäa und Samaria, die im geografischen Zentrum des Landes liegen, auf ihrer westlichen Seite von oben die Metropolregion Tel Aviv, Jerusalem und die meisten Städte in Israel, während die östliche Seite, die zum Jordantal und dem Toten Meer weist, sehr steil ist und es nur sieben Straßen gibt, die dort hinunterführen. Man darf nicht vergessen, dass es zwischen der derzeitigen Grenze, die der Jordan bildet, bis Pakistan ein riesiges muslimisches Gebiet von Tausenden von Meilen gibt, in dem Hunderte Millionen von Muslimen leben. Wenn sie sich vereinen und Israel angreifen sollten, bestände die einzige Chance, sich vor ihnen zu schützen, in der israelischen Besiedlung auf dem Gebirgszug, von dem aus es noch möglich ist, eine Invasion zu vereiteln. Der amerikanische Admiral Bud Nance stellte einmal fest, dass die östliche Seite des Bergrückens eines der besten natürlichen Hindernisse der Welt gegen Panzer sei, während derselbe Grat, sobald er in die Hände der Araber fiele, eine traumhafte Plattform für die Invasion der schmalen israelischen Ebene entlang der Küste wäre. Judäa und Samaria sind Israels Überlebensversicherung.

Nach dem Krieg von 1967 wurde in Israel eine Bewegung gegründet, mit dem Ziel, sich von Neuem in allen befreiten Gebieten niederzulassen. Heute leben in diesen Gebieten etwa 800.000 jüdische Einwohner gegenüber einer geschätzten Zahl von zwei Millionen Arabern.

Im Jahre 1993 unterzeichnete Israel das Osloer Friedensabkommen mit der ‚Palästinensischen Befreiungsorganisation‘ (PLO), einer Terrororganisation, deren Existenzzweck die Zerstörung Israels und die Vertreibung der Juden aus Israel war. Dem Abkommen lag der naive Glauben daran zugrunde, dass die PLO mit der Aufteilung des Landes zufrieden sein und stellvertretend für die arabische Bevölkerung Frieden mit Israel schließen werde. Es gab den Anführern der PLO, die nach Israel gebracht wurden und die ‚Palästinensische Behörde‘ gründeten, Autonomie, Waffen und Befugnisse. Shimon Peres, Außenminister der damaligen Regierung, der diesen Vorgang leitete, erklärte bei den anlässlich des Abkommens abgehaltenen Feierlichkeiten: „100 Jahre des Terrors sind zu Ende, und es beginnen 100 Jahre des Friedens." Die progressive Linke in Israel ignorierte die Tatsache, dass die arabischen Versuche, die Juden zu vernichten, schon lange vor 1967 begonnen hatten; und in der Tat scheiterte der mit dem Osloer Abkommen unternommene Versuch: versinkend im Blut, erlebte Israel seit der Unterzeichnung des Abkommens bis heute eine Verdoppelung der Zahl an Terroropfern im Vergleich zu der gesamten vorigen Zeit seit dem Beginn der Zählung im Jahre 1861.

Das Abkommen sollte es der ‚Palästinensischen Autonomiebehörde‘ ermöglichen, zu einem Staat auf dem Gebiet von Judäa und Samaria zu werden, aber ihre Anführer stimmten dem nicht zu, ein Abkommen zu unterzeichnen, das dem jüdischen Volk den Rest des Landes überlassen hätte, und begannen im Jahre 2000 einen Terrorkrieg, in dessen Verlauf etwa 1600 Juden ermordet wurden, bis zum israelischen Sieg nach ungefähr drei Jahren. Der Kriegsausgang war durch einen israelischen Einmarsch entschieden worden, der die terroristische Infrastruktur der ‚Palästinenser‘ zerstörte, die in dem von der ‚Palästinensischen Autonomiebehörde‘ kontrollierten Teilen Judäas und Samarias errichtet worden war und in welcher sie sich ein tödliches terroristisches Monster herangezüchtet hatten. Israel sanierte seine nachrichtendienstliche Infrastruktur in der gesamten Region, die IDF betritt bei Bedarf alle Teile des Gebietes, und so ist die Situation seither viel ruhiger geworden, obwohl die ‚Palästinensische Autonomiebehörde‘ die arabische Bevölkerung bis heute zu Hass und Terror erzieht, Terroristen, Frauen- und Kindermörder als „Freiheitskämpfer“ bezeichnet und ihre Familien mit horrenden Summen für die von ihnen begangenen Judenmorde entlohnt.

Der arabische und internationale Druck auf Israel, sich aus den Gebieten von Judäa und Samaria, dem Herzstück der historischen jüdischen Heimat, zurückzuziehen, hört nicht auf. Alle Akteure, die Israel hassen, sind sich dessen sehr wohl bewusst, dass es ohne den Bergrücken, der sich im Herzen des Landes befindet, keine Chance mehr hätte. Aber das erste Opfer eines souveränen ‚palästinensischen‘ Staates in Judäa und Samaria wäre nicht Israel, sondern Jordanien. Jordanien ist eine instabile Monarchie, in der eine Mehrheit von etwa 70 % der Bevölkerung sich selbst als ‚palästinensisch' definiert. Im Gegensatz dazu bilden sie westlich des Jordans eine Minderheit, und wenn sie dort Unabhängigkeit erlangen würden, wäre klar, dass auch die ‚palästinensische' Mehrheit in Jordanien die Kontrolle über ihr Land verlangen würde und Hilfe vom neuen ‚palästinensischen' Staat erhielte, der die Kontrolle über die Gebiete östlich des Jordans übernähme und dessen Herrschaft auch mit einer Ausbreitung seiner Ideologie einherginge. Jordanien ist heute, was seine Sicherheitspolitik anbelangt, auf Israel angewiesen; und ein ‚palästinensischer' Staat anstelle der israelischen Lösung schüfe ein neues Problem für Jordanien. Der Fall dieses Landes würde zu einer riesigen Flüchtlingswelle führen; und wir haben heute genug Erfahrung, um zu wissen, wohin diese Flüchtlinge flöhen... Daraus geht hervor, dass es absolut im europäischen Interesse liegt, die Errichtung eines ‚palästinensischen' Staates zu verhindern, nicht weniger als im israelischen Interesse.

Der globale politische Kampf geht heute quer durch alle Länder und wird zwischen Konservativen und Progressiven über Werte wie Nation, Religion, Familie, Tradition und Grenzen geführt. Die ‚palästinensische' nationale Frage ist zu einem regelrecht religiösen Dogma der Progressiven geworden, trotz der darin enthaltenen Absurdität, da ihre Ideologie gegen den Nationalismus gerichtet ist. Sie sind also gegen jedweden Nationalismus mit Ausnahme des ‚palästinensischen', da dieser ein Werkzeug zur Zerstörung Israels darstellt, einer konservativen Festung, die den Progressiven auf dem Weg zur Zerstörung der Weltordnung im Wege steht. Auch ziehen die Juden, wie im Laufe der Geschichte üblich, die Wut jedes beliebigen bösen Akteurs an, ob nun der Nazis, der Kommunisten, des islamischen Irans, des radikalen Islams oder jetzt der Progressiven.

Wer die von der progressiven Ideologie ausgehende Gefahr versteht und die Auswirkungen ihrer Ausbreitung bereits spürt, muss verstehen, dass die Unterstützung Israels und die Opposition gegen einen ,palästinensischen' Staat ein wichtiger Teil jenes Kampfes ist.

EPILOG

ARTUR ABRAMOVYCH

Zionismus und Deutschtum

Über die Möglichkeit neuer Allianzen

Ein erstes Anzeichen war das Unverständnis, auf das man traf, wenn man den Mitschülern zu erklären versuchte, warum man stolz darauf ist, Jude zu sein.

Als Zweijähriger mit den Eltern in die Bundesrepublik eingewandert, als Sohn von Juden, die sich seit jeher als Juden betrachtet hatten (und darüber hinaus vielleicht allenfalls noch als Sowjetmenschen, aber dies eher in der Groß- oder Urgroßelterngeneration), verspürte ich niemals das Bedürfnis, mein Judentum zu kaschieren, erlebte aber dennoch keinerlei antisemitische Anfeindungen jener Art, wie sie den meisten Deutschen, aufgrund ihrer eigenen Geschichte, vorschweben dürften beim Gedanken an Antisemitismus. Ich wurde von Deutschen niemals beleidigt oder benachteiligt aufgrund meiner Zugehörigkeit zum Judentum, und physische Gewalt erlebte ich sehr selten. Solche ging dann freilich nicht von Deutschen, sondern von türkischen und arabischen Jugendlichen aus, denen hin und wieder, bei der Fasnet oder abends im Emmendinger Stadtgarten, zum Opfer zu fallen man als Gymnasiast *nolens volens* hinzunehmen hatte, ob man nun ausländischer Herkunft war oder, wie in den meisten Fällen, nicht. Neben mir, dem Ururenkel eines in *Babij Jar* erschossenen Rabbinersohnes, war bei einer dieser unangenehmen Gelegenheiten der hauptsächliche Leidtragende der Urenkel des ersten nationalsozialistischen Emmendinger Kreisleiters; und dass wir uns beide unter den Tritten und Schlägen der enragierten Fremden bückten, scheint mir rückblickend das heutige Verhältnis zwischen Deutschen und deutschen Juden zu versinnbildlichen, als eine deutsch-jüdische Symbiose der anderen Art.

Lage

Nur eines durfte man sich unter keinen Umständen erlauben, um diese fragile Symbiose nicht zerstieben zu lassen: beharrte man auf seinem Judentum, behandelte man es ohne Willen zur Dekonstruktion, ohne diesen unter Deutschen so zwanghaften Trieb, der sich gern als Selbstironie tarnt, aber nichts anderes darstellt als gegen sich selbst gerichteter, äußerst humorloser Dünkel, – dann stieß man zumeist umgehend auf Unverständnis oder gar Ablehnung. Es schien, als erwarte der typische Deutsche geradezu, dass der Jude sich für alle Geknechteten und Schwachen einsetze, indem er sein eigenes Leid universalistisch interpretiere und aus ihm denselben Schluss ziehe, wie er, der Deutsche, aus seiner eigenen Täterschaft: dass der Verzicht auf eine affirmative Haltung zum Überkommenen vonnöten sei, um die Welt zu verbessern. Wie man dergleichen guten Gewissens von den Angehörigen eines Volkes erwarten kann, das in seiner neuesten Geschichte innerhalb eines halben Jahrzehnts zu einem Drittel dezimiert wurde, blieb mir immer unverständlich.

Es besteht jedenfalls eine Koinzidenz zwischen dem linken, vor allem sozialdemokratischen Bild vom Juden einerseits und demjenigen, das der Nationalsozialismus vom Judentum hatte. Der Jude ist die Minderheit *par excellence*, das Opfer bzw. der Feind jedweder Selbstgewissheit, das kritische Prinzip, der Entwurzelte, der sich immer und überall eine Änderung aller Umstände vorzustellen imstande ist. Die Reaktion auf die Gründung unserer

128

Bundesvereinigung hat diesen Umstand bestätigt: der Deutsche reagiert ungehalten, wenn ihm das liebgewordene Stereotyp vom Juden widerlegt zu werden scheint. So erklärt sich das Phänomen des Deutschen, der die Vergangenheitsbewältigung zu seiner „Zivilreligion" (Rolf Peter Sieferle) erhob, die Bibel mithin allenfalls im widerwillig besuchten Religionsunterricht zur Hand nahm, und zugleich Israel mit Hitler-Deutschland zu vergleichen oder den Juden das Recht auf einen eigenen Staat abzusprechen imstande ist, da er das Judentum ja nur als Religion betrachtet. Diejenigen unter den Juden, die sich damit abfinden, weil sie ihr Judentum tatsächlich so interpretieren, wie es von ihnen verlangt wird (und etwa auf die Frage danach, was das Judentum für sie bedeute, bloß mit dem universalistischen *Tikkun Olam* antworten wollen), haben zumeist auch keinerlei Interesse an einer Rehabilitation des Deutschtums zuungunsten des Judentums, sondern unterstützen den Deutschen im Gegenteil in seinen sadomasochistischen Bestrebungen.

Vor etwa 100 Jahren wäre das nicht möglich gewesen. Die überwiegende Mehrheit der damaligen deutschen Judenheit sah die Assimilation als Lösung der Judenfrage an. Es waren vornehmlich liberale Juden, in deren Synagogen (sie sagten lieber: Tempel) Frauen und Männer beisammen saßen und sich sogar Orgeln fanden. Ihr Judentum interpretierten sie als Religion oder gar bloß als Konfession, die sie in keiner Weise daran hindern sollte, deutsch zu sein; gemäß ihren liberalen Ansichten (parteipolitisch waren sie vor allem bei den Freisinnigen und den Nationalliberalen zu verorten), betrachteten sie die individuelle Leistung (sei es künstlerisch, wirtschaftlich, politisch oder militärisch) als allgemeingültigen Beweis für die Fähigkeit ihrer ganzen Gruppe, im Deutschtum aufzugehen. Und wenn man ihnen, trotz ihrer zugegebenermaßen beachtenswerten Leistungen, das

Deutschtum absprach, litten sie sehr, denn sie besaßen keine andere Gemeinschaft, die ihnen als Ersatz hätte dienen können, wo ihnen doch die orthodoxen Ostjuden suspekt und sie dem Zionismus zwangsläufig abhold waren, da schon der einzelne Zionist, ihren liberalen Ansichten gemäß, ein Dementi der eigenen Existenzberechtigung zu sein schien: Jakob Wassermann beklagte sich über die „Fremdlingsrolle", die der Zionist einnehmen wolle, während er selbst doch bestrebt sei, das „Vorurteil der Fremdheit" zu besiegen, da ihm die Diaspora „als Idee [...] besser, höher, fruchtbarer" zu sein scheine als der jüdische Staat. Und auch der Georgianer Karl Wolfskehl bekannte angesichts der Balfour-Deklaration in einem Brief an Martin Buber, dass er gegen die „Territorialisierung des jüdischen Geistes" sei.

Der Zionismus interpretierte das Judentum anders. Da er eine Reaktion auf den völkischen Antisemitismus darstellte, war er selbst völkisch, wenn auch nur in defensiver Weise, indem er andere Gruppen nicht abwertete, sondern nur die von außen oktroyierte völkische Bestimmung der Zugehörigkeit annahm. Er interpretierte das Judentum als Volk und probte demgemäß einen Aufstand gegen das so empfundene Duckmäusertum der Assimilanten, denen er vorwarf, die eigenen Charakteristika kaschieren zu wollen und also Verrat am Judentum zu begehen. Da sich die Zionisten selbst nicht als deutsch betrachteten, hatten sie auch keinerlei Interesse daran, vonseiten der Deutschen als die ihren betrachtet zu werden, ja sahen es als erniedrigend an, um Aufnahme zu betteln. Moritz Goldstein etwa fragte in seinem berühmten Essay *Deutsch-jüdischer Parnaß*: „Welcher gesittete Deutsche wollte sich auch das Lob entgehen lassen, dass er tolerant sei? Aber wir Juden verlangen endlich Ehrlichkeit, und die Zeit ist hoffentlich nicht mehr fern, wo ein Jude den Schurken vor seine Klinge fordern wird, der es wagt, gegen ihn ‚tolerant' zu sein."

Nahm der Zionismus anfänglich noch, bis zum Ersten Weltkrieg, einen gewissen, wenn auch deutlich distanzierten Anteil am Deutschtum und beklagte sich etwa Ludwig Strauß gegenüber seinem nachmaligen Schwiegervater Buber über die deutsche „Kriecherei vor Fremden", die „die aufrechte würdige und bescheidene Behauptung des Eigenen nicht rein erscheinen" lasse, so fand diese Anteilnahme spätestens mit dem Kriegsausgang ein Ende. Palästina war britisches Mandatsgebiet, und die zionistische Bewegung sah sich, allen gegenteiligen Beteuerungen zum Trotz, an diese Kolonialmacht gebunden, deren Interessen den deutschen zuwiderliefen.

Aus diesem historischen Exkurs sollte hervorgegangen sein, dass man sich als Jude seinerzeit zu entscheiden hatte. Interpretiert man „links" als Indifferenz gegenüber Tradition, als Einsicht in die Veränderlichkeit aller Umstände, „rechts" hingegen als Affirmation des Überkommenen und als Bereitschaft, die Tradition gegen ihre Gegner zu verteidigen, als Überzeugung davon, dass die Statik einer Idee zum Zwecke ihrer Wirksamkeit nötig ist, – so kommt man zwangsläufig zu dem Schluss, dass man vor 100 Jahren nicht als Deutscher und als Jude zugleich rechts sein konnte.

Den vielleicht einzigen dahingehenden Versuch unternahm der politische Theologe und Geisteshistoriker Hans-Joachim Schoeps, der seine diesbezüglichen Gedanken 1934 unter dem Titel *Wir deutschen Juden* zu Papier brachte. Für ihn stellte das Judentum ein „Bundesvolk" dar, eine einzigartige Mischform aus Volk und Religion, der in ihrer Gänze weder von Assimilanten noch von Zionisten Rechnung getragen werde. Er sprach sich für einen radikalen Partikularismus aus und damit gegen Assimilation jedweder Art: gegen diejenige auf individueller Ebene sowohl als auch gegen die kollektive, als die er den Zionismus begriff, der das Judentum zu einem ‚Volk wie jedes andere' degradieren wolle.

Seine Losung lautete: „Als Jude, für Deutschland". Aber sein Vortrupp bestand, wie auch die Gestapo beruhigt feststellte, nur „aus Köpfen" und gelangte zu keinerlei Einfluss auf die zeitgenössische deutsche Judenheit.

Defekte

Die Zeiten, wo der dahergelaufene Jude Scham verspürte im Angesicht des bodenständigen Deutschen, sind endgültig vorbei; die Probleme, mit denen sich Schoeps beschäftigte, die „liberale Schnellfäule" und andere von ihm diagnostizierte Erscheinungen, sind längst überwunden. Den Mangel an Metaphysik (wenn sie auch ehedem als sehr deutsch galt) diagnostiziert heute vielmehr der Jude an seiner deutschen Umgebung.

Der französische Philosoph Alain Finkielkraut stellte schon 1982 in seinem Essay *Juif Imaginaire* über die heutigen Juden im Westeuropa nach '68 fest: „Sie haben ein Erbe, eine Treueverpflichtung, ein geistiges Territorium. Ihre Beziehung zur Welt beschränkt sich nicht auf Privatheit. [...] So verändert sich das Image des Juden: Inzwischen ist er der Verwurzelte [...]. In einer Welt, die unserem Engagement keinen rechten Gegenstand und unserem Leben keinen Sinn mehr zu bieten hat, scheint die geschichtliche Kontinuität und Substanz den Juden vorbehalten zu sein."

Abgesehen davon, dass die 68er Revolution und der durch sie hervorgerufene Mangel an Bindung dem europäischen Juden eine gänzlich neue Rolle zuwies, wandte sie sich, so sehr Juden an ihr (wie an den meisten europäischen Revolutionen) auch beteiligt gewesen sein mögen, bald gegen die Juden selbst. Es verhält sich in diesem Fall ähnlich wie mit der Oktoberrevolution, die einem alten jüdischen Witz zufolge den Oberrabbiner Moskaus Trotzki zu warnen veranlasste: *„Jingel,* tu was du willst, doch bedenke eines: Die Revolutionen dieser Welt machen die Trotzkis, aber zahlen dafür müssen die Bronsteins."

Zahlen müssen wir im gegebenen Fall in Form von Relativierungen der *Shoah,* wie sie etwa von Wolfgang Benz betrieben werden, einem typischen Vertreter jener Zeit, zu der man ein SPD-Parteibuch benötigte, um an einen Lehrstuhl für Geschichte berufen zu werden. Die von ihm vorgenommene Relativierung besteht in der Gleichsetzung des nationalsozialistischen Antisemitismus und der heutigen ‚Islamophobie‘ unter Missachtung sämtlicher sozialer und auch theologischer Unterschiede zwischen den damaligen Assimilanten und den heutigen muslimischen Parallelgesellschaften. Zugleich hält es Benz nicht für antisemitisch, wenn man Israel als Apartheidsregime diffamiert, und scheut sich nicht einmal davor, einer islamistischen, aus dem Iran finanzierten website Interviews zu geben, die von den Brüdern der ehemaligen Bundesbeauftragten für Integration, Aydan Özoguz, betrieben wird, welche sich nebenbei auch darin hervortun, die alljährlichen Demonstrationen zum Al-Quds-Tag in Berlin zu organisieren. Eine ähnliche Entwicklung ist ebenso im Ausland zu beobachten, wenn etwa das aus der schwarzen Bürgerrechtsbewegung um '68 herum hervorgegangene *Black lives matter* BDS, die Boykottbewegung gegen Israel, unterstützt.

Wider besseres Wissen haben sich einige Juden dem gebeugt, trotz *Shoah* und Staatsgründung Israels, und wollen mit dieser neuen Linken Allianzen schmieden. Einer der exponiertesten Vertreter dieses Typus ist der emeritierte Professor der Erziehungswissenschaften von der Goethe-Universität Frankfurt Micha Brumlik. Er gehört zur, wenn auch nicht durchweg antizionistischen, so doch zumindest ‚zionismus-kritischen‘ Schickeria, die es sich, ausgestattet mit unzähligen Beiratsposten, bequem gemacht hat in ihren ‚postmateriellen‘ Seidenstuben, in der „bigotten Frömmigkeit des All-Bestreitbaren" (Botho Strauß). Brumliks Lebenslauf ist ein reichlich jüdisch-westdeutscher: Begeisterung für den Zionismus in der Jugend, auch wohl mit einem Schuss Militarismus verbunden, dann *Aliyah* im zarten Alter von 19 Jahren und schließlich, im Gelobten Lande, große Enttäuschung, auf die eine prompte Rückkehr ins verhasste Deutschland folgte. Inzwischen beteiligt er sich an Sammelbänden, in denen Judith Butler darlegen darf, warum sie BDS unterstützt, und sitzt mit ihr gemeinsam sogar auf Podien, die das Jüdische Museum Berlin freundlicherweise zur Verfügung stellt.

Brumlik bringt es zustande, sich sowohl gegen den deutschen als auch gegen den jüdischen Patriotismus einzusetzen. Im Gespräch mit dem SWR über die Gründung der *Juden in der AfD* befragte ihn der Journalist nach dem Verhältnis zwischen der israelischen und der deutschen Rechten: „Wie weit kann eine solche Liaison gehen?" Und Brumlik, sichtlich unangenehm berührt, gestand ein: „Na, also ziemlich weit. Denn der politischen Haltung nach sind die israelischen an der Regierung befindlichen Rechtspopulisten keinen Deut besser."

Sie mögen sich freilich noch so sehr zu Rebellen stilisieren und noch so laut eine ‚Desintegration‘ fordern: die ‚Postzionisten‘ sind im Vergleich zu uns die eigentlichen Erben der jüdischen Assimilanten von früher. Denn in den *gojischen* Kreisen, in denen sie sich bewegen, ist man längst darin übereingekommen, dass Leitkultur wahlweise pro-, proto- oder kryptofaschistisch sei; es stellt also entgegen allem Anschein keinen Akt der Rebellion dar, sich gegen das Deutschtum einzusetzen, im Gegenteil.

Goß – [Goj] – Nichtjude

134

Heute gilt nämlich für die hiesige Bevölkerungsmehrheit das im Angesicht des Ersten Weltkriegs gefällte Diktum des jüdischen Sozialisten Ernst Toller: „Alle diese Toten sind Menschen, alle haben geatmet wie ich, alle hatten einen Vater, eine Mutter" etc. pp. Aber es spielt eben doch eine Rolle, wer Vater und Mutter sind, insbesondere wer die Mutter ist; denn wenn man dem nicht mehr Rechnung trüge, hörte das Judentum auf, fortzubestehen. (Und Ernst Toller war nicht von ungefähr ein Antizionist. Er wollte nicht „dem Wahnwitz der Verfolger anheimfallen und statt des deutschen Dünkels den jüdischen annehmen". Merke: der Linke empfindet jegliche Bekräftigung der eigenen Identität als Dünkel, wenn nicht gar als latente Mordlust.)

Bestände

Dem heutigen linken Juden gelingt es also, sowohl als Jude als auch als Deutscher (denn wenn er das Deutschtum nicht als das Eigene empfände, würde er sich nicht derart vehement dagegen einsetzen) links zu sein. Diese offenbar mögliche, will sagen: wenn auch nicht begrüßenswerte, so doch zugegebenermaßen kohärente Koinzidenz evoziert eine Gegenreaktion, die sich spiegelverkehrt zu verhalten hat.

Und in der Tat dämmert es inzwischen so manch einem Juden, dass er keinerlei Anlass dazu hat, sich geschmeichelt zu fühlen, wenn auf seine Kosten zu Toleranz aufgerufen und etwa die Abwehr von Forderungen nach offenen Grenzen, die Intoleranz also, gleichgesetzt wird mit dem genozidalen Antisemitismus des Nationalsozialismus. Die Reduktion jüdischer Erfahrung auf eine ‚migrantische' und jüdischer Geschichte auf eine Leidensgeschichte fällt bereits jetzt insofern auf uns zurück, als deutsche

Schandtaten zur Legitimation einer Masseneinwanderung missbraucht werden, die der hiesigen Judenheit das Leben erschwert.

Glauben diese linken Juden, deren ältere Repräsentanten in der Vergangenheit zu großen Teil selbst Zionisten waren, an die bundesrepublikanische Kopfgeburt namens „gruppenbezogene Menschenfeindlichkeit"? Können sie sich wirklich nicht vorstellen, dass es Unterschiede zwischen Menschengruppen und mithin auch Gründe dafür gibt, bestimmte Gruppen abzulehnen und andere nicht? Wissen sie nicht, dass ‚Minderheit' kein qualitatives, sondern ein rein quantitatives Merkmal ist, dass man ‚Minderheit' immer nur zu einem bestimmten Zeitpunkt und innerhalb eines umgrenzten Raumes sein kann (dass also einerseits Juden durchaus nicht zwangsläufig ‚Minderheit' zu sein haben und es andererseits bestimmte ‚Minderheiten' gibt, die auf dem besten Wege sind, zur Mehrheit zu avancieren)?

Lassen wir außer Acht, wer seinerzeit schon sich als Nationaljude empfand und wer, ob aus Liberalismus oder Religiosität, gegen die Errichtung eines jüdischen Staates polemisierte; seit der *Shoah* und der Staatsgründung Israels haben sich die Umstände derart verändert, dass es nur noch zwei Optionen gibt: das vielfach geleugnete Recht der Juden auf einen eigenen Staat zu verteidigen oder sich seinen Gegnern anzuschließen. Hätte etwa ein Hans-Joachim Schoeps sich noch in den Fünfzigerjahren so geäußert über den Zionismus, wie er es in jungen Jahren getan hatte? Es wäre ihm wohl unanständig und pietätlos vorgekommen, das zu tun; er betonte später, dass sein Antizionimus der 30er nichts mit dem heutigen der Linken und Moslems zu tun gehabt habe; und das einzige, was ihm noch über die Lippen kam, war allenfalls milde Kritik am „Israelismus" der jüdischen Gemeinden (wobei es selbst hier zu bedenken gilt, dass diese aus einer Zeit stammt, als Israel noch sozialistisch regiert war).

Dass ein Wiederanschluss an die Zeit vor der *Shoah* nicht möglich ist, schien auch Schoeps eingesehen zu haben, so sehr er daran gelitten haben mag. Es ist nicht zu leugnen, dass die Geschichte gleichsam den Zionisten recht gab, nicht den Assimilanten, und die Notwendigkeit eines eigenen jüdischen Staates, einer eigenen jüdischen Armee unter Beweis stellte. Zudem besteht auch gleichsam personell kaum eine Kontinuität, da die heutige deutsche Judenheit zu großen Teilen aus den Nachfahren orthodoxer Ostjuden besteht, die niemals mit der *Haskalah* in Berührung kamen.

Es trifft dennoch nur bedingt zu, was Rolf Peter Sieferle in *Finis Germania* beklagte, dass nämlich der Nationalsozialismus den Deutschen und Juden wohl oder übel „komplementäre Sonderrollen zugewiesen" habe. Denn die gegenwärtige Bedrohung ×) betrifft nicht allein Deutschland, sondern die gesamte zivilisierte Welt; und zu dieser gehört nun einmal auch Israel. Es kommt ferner zum gewandelten Judentum noch ein Wandel aufseiten der hiesigen Rechten hinzu. Zum einen ist der Jude für ihre inzwischen weitgehend dominanten entweder judenfreundlichen oder zumindest nicht antisemitischen Teile von großer Bedeutung im metapolitischen Kampf, einer Bedeutung, die zuweilen sogar ins Eschatologische überhöht wurde, wenn etwa Armin Mohler einmal klagte: „Das erlösende Wort kann hier wieder einmal nur ein Jude sprechen." Der Jude als Erlöser, als Messias der Deutschen also.

Zum anderen verhält es sich inzwischen so, dass die Rechte, im Wissen um die Natur der gegenwärtigen Bedrohung, eine internationale Solidarität anstrebt. Das Bedürfnis innerhalb der deutschen Rechten, darauf hinzuweisen, dass auch Juden Täter sein können (wie es noch etwa an Carl Schmitt zu beobachten ist), zog reichlich abstruse Konstellationen nach sich, bei denen

×) Islam

linksradikale jüdische Selbsthasser Zuspruch von rechten, nun plötzlich in den Menschenrechtsjargon verfallenden Deutschen erhielten, die selbst längst zu ahnen begannen, dass eine ganz ähnliche Krankheit auch ihre eigene Nation befallen hatte. Dieses etwas unredliche Bedürfnis ist inzwischen weitgehend dem Argwohn gegenüber einem im beinahe gesamten linken Spektrum verbreiteten Antizionismus gewichen, – so wie auch auf der anderen Seite der Typus des Zionisten, der dem Deutschen das Recht auf Nationalstolz abspricht, allenfalls noch in den Reihen berufsjüdischer, unter parteipolitischen Zwängen stehender Zentralratsfunktionäre zu finden ist, kaum mehr aber unter Intellektuellen, bei denen sich längst eine neue Dichotomie etabliert hat, die zudem keineswegs droht, in absehbarer Zeit obsolet zu werden.

ANHANG

Grundsatzerklärung der Bundesvereinigung
Juden in der AfD e. V.

Einem gerade in der Bundesrepublik verbreiteten Irrglauben zufolge haben Juden links zu sein. Dieser Irrglaube, der offenbar in der seit den Siebzigerjahren sozialdemokratisch dominierten bzw. okkupierten Geschichtsforschung und ihrer Interpretation des Nationalsozialismus als „rechts", aber zweifelsohne zugleich in einer unwillkürlichen Übernahme antisemitischer Stereotype gründet, die den Juden als heimatlos, entwurzelt und somit illoyal gegenüber seinem ‚Wirtsland' zu diffamieren suchen, – ist andernorts nicht mehr anzutreffen. In Frankreich etwa gelten Juden gemeinhin als die verlässlichsten Wähler der Républicains, welche sich völlig unzimperlich als ‚droite', mithin als rechts bezeichnen. Der Rassemblement National (vordem Front National) wird jüngsten Studien zufolge unter Juden etwa ebenso oft gewählt wie in der Gesamtbevölkerung. Die Gründe dafür liegen auf der Hand.

Muslimischer Antisemitismus

Wir sind davon überzeugt, dass die größte Bedrohung für das Europa des 21. Jahrhunderts der wegen ihrer weitaus höheren Geburtenrate kaum zu unterschätzende und durch die Masseneinwanderung zusätzlich beschleunigte Anstieg der muslimischen Bevölkerungsgruppe sowie das mangels einer Akkulturation damit einhergehende Erstarken des politischen Islams darstellt, eines totalitären Islams, der das Abendland ganz offen als seinen Feind zu bezeichnen wagt, ohne dafür hierzulande zur Rechenschaft gezogen zu werden.

Zugleich sind wir davon überzeugt, dass die AfD die einzige Partei der Bundesrepublik ist, die sowohl eine redliche Ideologiekritik betreibt, welche die Unvereinbarkeit islamischer Dogmata mit dem Grundgesetz nicht zu verschleiern versucht, als auch in diesem Rahmen muslimischen Judenhass thematisiert, ohne diesen zu verharmlosen, zumal er unstrittig und untrennbar schon mit der Entstehung des Islam verbunden ist. Die unkontrollierte Masseneinwanderung junger Männer aus dem islamischen Kulturkreis ist jüdischem Leben dementsprechend höchst abträglich aufgrund einer durch die islamische Ideologie bedingten, antisemitischen Sozialisation, an welcher nicht zuletzt der Nationalsozialismus teilhatte, da nach dem Zweiten Weltkrieg ein Teil der ehemaligen Machthaber, etwa Johann Leers, in Ägypten bei der Muslimbruderschaft Unterschlupf fand und u. a. das gefälschte Pamphlet „Die Protokolle der Weisen von Zion" im Nahen Osten verbreitete, wo es bis heute in mehreren Ländern als Schullektüre dient und allgemein äußerst populär ist.

Bei der Erstarkung des politischen Islam handelt es sich zudem in erster Linie um eine Bedrohung für Juden, wie am Beispiel vor allem der nordafrikanischen Länder ersichtlich wird, deren jüdische Gemeinden, nachdem diese Länder zu politischer Souveränität gelangt waren, innerhalb weniger Jahre unter ununterbrochenen und stetig wachsenden Drangsalierungen beinahe restlos untergegangen und ihre Gemeindemitglieder geflüchtet oder emigriert sind. Nach der Vertreibung der zahlenmäßig kleineren jüdischen Minderheit wandte sich dann der Zorn der islamischen Mehrheitsbevölkerung, sofern man sie gewähren ließ, gegen die christliche Minderheit, wie es in Ägypten unter der von 2011 bis 2014 währenden Herrschaft der Muslimbrüderschaft geschah.

Das europäische Land, anhand dessen man dies besonders deutlich sehen kann, ist wiederum Frankreich. In Deutschland wird weitgehend ignoriert, dass die Mehrzahl der dort verübten islamischen Anschläge eine nicht zuletzt ausgesprochen antisemitische Stoßrichtung hatte. Dies zeigt sich etwa an dem von einem Kumpanen des Brüderpaars, das am 7. Januar 2015 den Anschlag auf die Redakteure von *Charlie Hebdo* verübt hatte, zwei Tage später verübten Anschlag auf einen koscheren Supermarkt an der Porte de Vincennes, bei dem vier Juden ermordet wurden. Eine ebenso deutliche Sprache spricht die Tatsache, dass das Bataclan, auf das am 13. November 2015 ein Anschlag verübt wurde, bei welchem 90 Menschen ermordet und auf widerlichste Weise geschändet wurden, über Jahre hinweg wegen seines jüdischen Besitzers islamistische Drohungen erhalten hatte.

Linker Antizionismus

Dem Staat Israel als der nationalen Heimstatt des jüdischen Volkes fühlen wir uns verbunden, erst recht nach der Katastrophe der Schoah, die die Notwendigkeit eines autonomen jüdischen Staates nach Jahrhunderten einer beinahe universalen Verfolgungsgeschichte einmal mehr, aber nun abschließend und unumkehrbar unter Beweis gestellt hat. Im Gegensatz zu ,postzionistischen' Dissimilanten halten wir es dementsprechend nicht für beleidigend, als deutsche Juden mit Israel assoziiert zu werden und uns, wo nötig, auch zu verantworten für Handlungen der israelischen Regierung. Denn Israel handelt zum Wohle aller Juden und ist daher durchaus dazu berechtigt, auch für die Judenheit in der Diaspora zu sprechen: „Der israelische Soldat lieferte den Beweis dafür, dass Jude und Feigheit oder Jude und Opfer keine Synonyme sind" (Alain Finkielkraut).

Als wohl beinahe ebenso bedrohlich wie den muslimischen Antisemitismus empfinden wir daher den Antizionismus der politischen Linken, der sich etwa in den seit Jahrzehnten in ansehnlicher Höhe geleisteten und von der Regierung Merkel, angesichts der durch Präsident Trump gekürzten US-Zahlungen, weiter erhöhten Unsummen deutschen Steuergelds manifestiert, welche an linksradikale und islamistische Organisationen in Israel fließen. Die UNRWA, das exklusiv den ‚Palästinensern‘ vorbehaltene Flüchtlingshilfswerk der UN, befindet sich fest in den Händen der Hamas, welche in Artikel 7 ihrer Charta, in Anlehnung an islamische Glaubensgrundsätze, die restlose Vernichtung aller Juden weltweit fordert. Angesichts der finanziellen Unterstützung für dieses Vorhaben, das mit der nationalsozialistischen ‚Endlösung‘ identisch ist, erscheint es als schlichtweg höhnisch, zugleich davon zu schwadronieren, dass „Israels Sicherheit" „deutsche Staatsräson" sei.

Dass der mit der politischen Linken bedauerlicherweise weitgehend identische bundesrepublikanische Mainstream, anders als etwa die politische Linke in Großbritannien unter Führung Jeremy Corbyns, weniger offen eine antizionistische Agitation betreibt, sorgt dafür, dass sich die hiesige Bevölkerungsmehrheit der herrschenden Diskrepanz in Bezug auf Israel gar nicht bewusst ist. Dazu tragen nicht zuletzt die zwangsbeitragsfinanzierten öffentlich-rechtlichen Sender bei, die nur zu oft durch ihre stumpfe Islam- und Zuwanderungsapologetik bestechen und zugleich eine zunehmend frappierende Einseitigkeit in Bezug auf Israel an den Tag legen oder sogar versuchen, die Ausstrahlung ausnahmsweise proisraelischer Dokumentationen mit allen Mitteln zu verhindern. Somit stoßen die Vorbehalte gegen die öffentlich-rechtlichen Sender, welche die AfD als wiederum einzige Partei der Bundesrepublik konsequent und glaubwürdig zum Ausdruck bringt, bei Juden folgerichtig auf Zustimmung.

Aus Israel erhalten wir dementsprechend ganz überwiegend positive Resonanz. Die dortige Gesellschaft, die um die Finanzierung islamischen Terrors durch die EU weiß und sich mehrheitlich längst von den illusorisch-weltfremden Vorstellungen der Friedensbewegung verabschiedet hat, beobachtet die aktuelle deutsche Migrationspolitik und die gesamte Entwicklung der politischen Linken mit Unverständnis und großer Sorge.

Auch die auf Seiten der politischen Linken exzessiv betriebene Vergangenheitsbewältigung kann nicht darüber hinwegtäuschen, dass eine maßlose Ignoranz gegenüber den Belangen heute lebender Juden herrscht. „Die Deutschen lieben tote Juden, je toter sie sind, umso mehr werden sie geliebt" (Henryk M. Broder).

Die ethischen Grundsätze des Judentums

Wir betrachten das Judentum als ‚Bundesvolk' (Hans-Joachim Schoeps), das sich nie im Religiösen erschöpfte, sondern immer zugleich eine Volksgemeinschaft war. Die Bedeutung der Zugehörigkeit zu einer solchen Gemeinschaft ist den Westeuropäern, und so auch den Deutschen, weitgehend abhanden gekommen, zumal die Festigkeit einer Gemeinschaft nicht zuletzt proportional zum Grad ihrer Exklusivität steigt, Westeuropa sich aber der rigorosen Inklusion verschrieben hat. Es mangelt den Deutschen daher an dem, was dem Juden selbstverständlich ist: die Pflege der eigenen Tradition, Geschichte und Herkunft. „Alles in allem bezeichne ich jenen Teil von mir selbst als jüdisch, der [...] die eindrucksvolle Überlegenheit des Gewesenen über das Heutige kultiviert" (Alain Finkielkraut).

Als Volk des Buches erzieht das Judentum seinen Kindern naturgemäß Achtung vor der Autorität des eigenen Meisters (Rabbi) an, der dem Nachwuchs Selbstkontrolle beibringt. Zweifelsohne hätte das Judentum keine derart beachtlichen geistigen Leistungen erbringen können ohne die von Kindesbeinen an erlernte Achtung vor dem Wissen, die auch heute unverändert zu beobachten ist. Angesichts des gegenüber Westeuropa bestehenden und zunehmend bedrohlicher werdenden Vorsprungs der Volksrepublik China auf den Gebieten des Handlungswissens scheint eine solche auf Achtung vor Autorität fußende Lernkultur außerhalb des Judentums Not zu tun, wo Lernkultur als Leistungszwang stigmatisiert und jegliche Autorität als faschistoid denunziert wird. Wir glauben, als Juden nur dann eine Zukunft in Deutschland zu haben, wenn eine Wiedererweckung dieses geschichtsvergessenen und seinen eigenen Traditionen entfremdeten Abendlands gelingt, und setzen uns daher für dieses Gelingen ein.

Da auch die Familie eine Gemeinschaft darstellt und durch einen Mangel an Autorität sowie vollkommen verantwortungslose gesellschaftspolitische Experimente in Richtung einer Umdefinition des Familienbegriffs zwangsläufig vom Zerfall bedroht wird, ist ein religiöser oder auch nur nach den ethischen Grundsätzen seiner Religion lebender Jude ebenso wenig wie ein religiöser Christ dazu imstande, der sukzessive durch Gender-Mainstreaming und Frühsexualisierung betriebenen Zerstörung der traditionellen, monogamen Familie gelassen zuzusehen. Auch in diesem Fall ist die AfD die einzige Partei, die besagte Vorgänge konsequent anprangert.

Das Abendland und die Judenheit

Wir sehen in dem Wunsch der AfD danach, dass Deutschland wieder eine selbstbewusste Nation werden möge, durchaus keinen Widerspruch zu jüdischen Interessen. Im Gegenteil glauben wir, dass eine tatsächliche gegenseitige Wertschätzung nur möglich ist, wenn beide Seiten selbstbewusst aufzutreten vermögen. Wir unterstützen die Anstrengungen der Bundes- und Landesvorstände der AfD, sich von den in der Partei anzutreffenden Restbeständen des rechten Antisemitismus zu trennen, sind dabei aber davon überzeugt, dass das Gewicht fraglicher Personen in der medialen Berichterstattung zum Zwecke der Diffamierung der gesamten Partei maßlos überschätzt wird.

Darüber hinaus entgeht uns nicht, dass die abstrusesten unter den zahllosen gegen die AfD vorgebrachten Vorwürfen auffällig oft von Personen und politischen Gruppierungen stammen, die ihren eigenen Antizionismus zu verschleiern kaum mehr für nötig halten und in der muslimischen Bevölkerung eine zahlenmäßig weitaus attraktivere Wählerschaft gefunden haben, als die Juden es aufgrund ihrer geringen Anzahl jemals sein konnten.

Dass diese inneren Gegner des Deutschtums ganz überwiegend zugleich auch Gegner des Judentums sind, lässt unseres Erachtens eine Allianz der Judenheit mit der europäischen Rechten als äußerst folgerichtig erscheinen. Am Beispiel Frankreichs wird dieser Umstand besonders deutlich: Nicht nur wanderten in den letzten zehn Jahren beinahe 50.000 französische Juden nach Israel aus. Es ist dort auch seit einigen Jahrzehnten eine zunehmende Zahl an Sympathiebekundungen jüdischer Intellektueller zugunsten der politischen Rechten zu beobachten. „Für die resoluten Gegner der AfD ist die Bekräftigung der eigenen Identität schon Hitler"

(Alain Finkielkraut). Da dies in zunehmendem Maße ebenso für die jüdische Identität zu gelten beginnt, fällt uns die Entscheidung nicht allzu schwer, auf welche Seite wir uns in der gegenwärtigen Auseinandersetzung zu schlagen haben.

Politisches Sprachrohr anstelle institutioneller Vertretung mit sinkender Legitimation

Die Stimmung in den jüdischen Gemeinden ist dementsprechend eine gänzlich andere, als die in vollkommener Abhängigkeit ihrer Geldgeber stehende Funktionäre des Zentralrats zu suggerieren versuchen; der Anteil an AfD-Wählern unter den deutschen Juden ist zweifelsohne deutlich höher als in der bundesrepublikanischen Gesamtbevölkerung. Vom Gesinnungswandel innerhalb der jüdischen Gemeinden zeugt nicht zuletzt die aus Unzufriedenheit mit der *Jüdischen Allgemeinen* initiierte Gründung der *Jüdischen Rundschau*, Berlin, im Jahre 2014, der einzigen unabhängigen jüdischen Zeitung in Deutschland.

Im Gegensatz zum Zentralrat können wir als *JAfD* zwar naturgemäß keine institutionelle Vertretung der deutschen Judenheit bieten, sehr wohl aber eine bislang in der Öffentlichkeit sträflich vernachlässigte und teilweise sogar unterdrückte Haltung artikulieren, mit der sich ein bedeutender und zunehmend größer werdender Teil der deutschen Judenheit identifiziert.

07.10.2018

148

Positionspapiere der Bundesvereinigung
Juden in der AfD e.V.

Positionspapier zum Thema Beschneidung

Die folgenden Ausführungen gelten nur für die jüdische Beschneidung (*Brit Milah*). Die islamische Beschneidung weist Unterschiede zur jüdischen auf und ist nicht Gegenstand dieser Stellungnahme.

Brit Milah (hebräisch ברית מילה, dt. „Bund der Beschneidung") ist die Entfernung der Vorhaut des männlichen Gliedes (Zirkumzision) nach jüdischem Brauch. Durchgeführt wird sie von einem *Mohel*, dem Beschneider, der in der Praxis der *Brit Milah* ausgebildet wurde. Die Grundlage für Juden, ihre Söhne zu beschneiden, liegt im ältesten und damit für das Judentum autoritativsten Teil der Bibel, nämlich in den fünf Büchern Mose (*Torah*). So heißt es: „Dies ist mein Bund, den ihr wahren sollt, zwischen mir und euch und deinem Samen nach dir: Beschnitten unter euch sei alles Männliche." (1. Buch 17,10 (Buber-Rosenzweig-Übersetzung)). „Mit acht Tagen soll alles Männliche unter euch beschnitten werden" (1. Buch 17,12). Die Beschneidung jüdischer neugeborener Jungen gehört zum Wesen des Judentums, markiert den Eintritt in die jüdische Gemeinschaft und symbolisiert den Bund zwischen G'tt und Abraham bzw. zwischen G'tt und den Juden. Ist das Kind am achten Tag erkrankt, wird die *Brit Milah* auf einen späteren Zeitpunkt verschoben. Eine *Brit Milah* vor dem achten Lebenstag ist nicht gestattet.

Das Gebot ist für Juden bindend. Die *Brit Milah* verbindet Juden aller Strömungen, von orthodox bis liberal, miteinander und wird sogar von säkularen Juden durchgeführt. Auf heute deutschem Boden wurde bereits beschnitten, als noch keine deutsche Sprache existerte. Nur unter dem kommunistischen Regime war die *Brit Milah* praktisch nicht ausführbar. Sie ist nicht nur Brauchtum, sondern zentraler Bestandteil jüdischer Identität. Sie ist von essentieller Bedeutung und konstitutiv für das Judesein. Die *Brit Milah* gilt als eines der wichtigsten Gebote im Judentum und hebelt selbst die Gebote der höchsten jüdischen Feiertage *Schabbat* und *Jom Kippur* (Versöhnungstag) aus, an denen bestimmte Tätigkeiten, darunter jegliches Schneiden, nicht ausgeführt werden dürfen.

Die Beschneidung ist einer der am häufigsten durchgeführten chirurgischen Eingriffe weltweit; in den USA ist etwa ein Drittel der männlichen Bevölkerung beschnitten. Bei der Beschneidung wird die Vorhaut von der Eichel mittels eines Skalpells entfernt. Anschließend wird das austretende Blut aus der Wunde entfernt. Es spricht im Judentum nichts gegen eine (lokale) Betäubung des Kindes während der *Brit Milah*. Eine Narkose des Säuglings wird in der Regel nicht durchgeführt und ist auch medizinisch nicht empfehlenswert, da die Narkose dem kindlichen Körper Schaden zufügen könnte und weniger leicht zu bewältigen ist.

Von der Bedenkenlosigkeit der *Brit Milah* zeugt, dass die alten Juden offenbar nicht zu unterschätzende medizinische Fachkenntnisse hatten. Dass die *Brit Milah* vor dem achten Tag verboten war, hängt zweifelsohne mit einer auf die Geburt folgenden Umstellung des Hämoglobins zusammen, die auch den sog. Neugeborenenikterus nach sich zieht. Diese Umstellung nimmt etwa eine Woche in Anspruch. Ferner findet beim Neugeborenen in der ersten Lebenswoche eine Erneuerung der Thrombozyten statt, die das Blutungsrisiko reduziert. Des Weiteren spielt das Vitamin K eine große Rolle; es ist ein fettlösliches Vitamin und essentieller Cofaktor bei der Synthese der Gerinnungsfaktoren Faktor II, VII, IX, X sowie von Protein C und Protein S. Während die Vitamin-K1-Serumkonzentration bei der Geburt noch sehr gering ist, liegt sie erst ab etwa dem vierten Lebenstag im gleichen Bereich wie bei Erwachsenen. Solange diese Vorgänge nicht abgeschlossen sind, ist die Blutgerinnung beim Neugeborenen beeinträchtigt. Eine Beschneidung am achten Lebenstag geht aus all diesen Gründen mit wesentlich weniger Blutverlust einher als eine solche unmittelbar nach der Geburt. Zudem zieht die Beschneidung sogar gesundheitlich positive Folgen nach sich. Die Entfernung der Vorhaut führt dazu, dass sich Keime weniger gut ansiedeln können. Die Weltgesundheitsorganisation (WHO) und das *Joint United Nations Programme on HIV/AIDS* (*UNAIDS*) kamen bereits im Jahre 2007 zu dem Schluss, dass die männliche Zirkumzision das Risiko, sich mit AIDS zu infizieren, zweifellos erheblich verringert: Mehrere Studien haben bewiesen, dass die männliche Beschneidung das Übertragungsrisiko von AIDS von Frau zu Mann um 60 bis 70 % reduziert (vgl. WHO, *Manual for early infant male circumcision under local anaesthesia*, 2010, S. 6). Die Weltgesundheitsorganisation hat daher im Jahre 2007 die Beschneidung als vorbeugende Maßnahme gegen die HIV-Ansteckung grundsätzlich empfohlen. Auch das Risiko, sich mit anderen sexuell übertragbaren Krankheiten wie Genitalherpes (HSV) und den Humanen Papillomaviren, die wiederum Gebärmutterhalskrebs bei Frauen auslösen können, zu infizieren, wird durch die Beschneidung verringert. Zudem wird die Gefahr, an Harnwegsinfektionen, Phimose und Peniskrebs sowie an Entzündungen der Vorhaut und der Eichel zu erkranken, verringert. Auch konnte nachgewiesen werden, dass die Beschneidung keine negative Auswirkung auf die sexuelle Funktionsfähigkeit eines Mannes oder die Befriedigung der Sexualpartner hat (vgl. ebd.).

Ein Verbot der Beschneidung ginge also nicht nur mit keinerlei gesundheitlichen Vorteilen für die männliche Bevölkerung einher, sondern würde stattdessen die Glaubensfreiheit einschränken sowie darüber hinaus jüdisches Leben in Deutschland stark beeinträchtigen. Solch ein Verbot lehnen wir ganz entschieden ab.

Positionspapier zum Thema Schächten

Die folgenden Ausführungen gelten nur für das jüdische Schächten (*Schechita*). Das islamische Schlachten von Tieren wird auch Schächten genannt und soll erhebliche Unterschiede zur *Schechita* aufweisen. Das islamische Schächten ist nicht Gegenstand dieser Stellungnahme.

Das jüdische Schächten war über Jahrtausende die Tierschutzvariante des Schlachtens, alle anderen Formen des Tötens waren grausamer und voller Leiden für das betroffene Tier. Das Ziel der *Schechita* ist das schmerzlose Töten; sie darf ausschließlich durch einen *Schochet*, eine dafür ausgebildete Fachkraft, durchgeführt werden. „Sehr vereinfacht gesagt, beinhaltet der Vorgang einen extrem schnellen Schnitt gleichzeitig durch die Luftröhre und die Hauptarterie bis zur Wirbelsäule, so dass das Tier durch den sofortigen Abfall des Blutdrucks bewusstlos wird (Großvieh nach 25-30 Sekunden) und daher sehr geringen oder gar keinen Schmerz spürt."[1] Auch Betäubung durch Elektroschock oder Bolzenschuss fügt dem Tier Leiden zu. Der wissenschaftliche Nachweis, dass diese Leiden geringer seien als beim jüdischen Schächten, ist nicht erbracht.

---

1   http://www.sgsaar.de/index.php?seite=schechita

Wir sind davon überzeugt, dass das jüdische Schächten dem Tier kein unnötiges Leid zufügt. Die Bedingungen bei Tierhaltung und Tiertransport über Tausende Kilometer, zum Beispiel in griechische EU-Schlachthöfe, fügen den Tieren mehr Leid zu, als jüdisches Schächten.

Nach den jüdischen Gesetzen, der *Halacha*[2], sind Juden verpflichtet, bei Fleischverzehr nur jüdisch geschächtetes Fleisch zu essen.

Nach dem *Talmud* gilt jedoch auch das Prinzip *Dina de-malchuta dina*[3], das besagt, „das Gesetz des Landes ist das Gesetz". Dieser Grundsatz schreibt vor, dass Juden grundsätzlich die Gesetze des Landes, in dem sie leben, zu befolgen und zu respektieren haben. In den letzten Jahrzehnten hat, insbesondere ausgelöst durch die Massentierhaltung, der Tierschutz einen immer größeren gesellschaftlichen Stellenwert in Deutschland erhalten. Seit dem Jahr 2002 ist der Tierschutz als Staatsziel im Grundgesetz der Bundesrepublik Deutschland aufgenommen.[4] Der Streit um ein Schächtverbot hat seitdem zugenommen. Tierschützer stellen dabei den grundgesetzlichen Anspruch auf Tierschutz über den grundgesetzlichen Anspruch auf Glaubensfreiheit, mit der Begründung, das Schächten sei Tierquälerei. Für das jüdische Schächten weisen wir diesen Vorwurf zurück, zudem stellen wir die Glaubensfreiheit über den Tierschutz.

Eine staatliche Neu-Regelung des Schächtens müssten Juden allerdings nach dem talmudischen Prinzip *Dina de-malchuta dina* akzeptieren.

---

2   Vgl. http://www.hagalil.com/2010/12/halacha/
3   Vgl. https://de.wikipedia.org/wiki/Dina_de-malchuta_dina
4   Vgl.https://www.tierschutzbund.de/information/hintergrund/
    recht/grundgesetz/

Als jüdische Mitglieder der Bürgerrechtspartei AfD, die mehr direkte Demokratie durch Volksabstimmungen fordert, können wir uns auch dieses Mittel zur Entscheidung der unterschiedlichen gesellschaftlichen Positionen vorstellen und würden ein derart zustande gekommenes Schächtverbot akzeptieren.

Ein Verbot des Handels von *kosherem* (jüdisch geschächtetem) Fleisch würde hingegen die Glaubensfreiheit einschränken. Solch ein Verbot lehnen wir ganz entschieden ab. Ein Importverbot ist auch aus dem Grund abzulehnen, dass die EU hohe Schutzzölle auf land- und viehwirtschaftliche Güter erhebt und also keinen freien Welthandel in diesen Bereichen erlaubt. Es wäre demnach vermessen, den Import und damit den freien Welthandel im Hinblick auf koscheres Fleisch auch zu verbieten, obwohl man koscheres Fleisch – bei einem eventuellen Verbot des Schächtens – überhaupt nicht selbst in Deutschland produzieren könnte.

Bibliographische Notiz

Bei den Beiträgen Emanuel Bernhard Krauskopfs und Orit Arfas handelt es sich jeweils um gekürzte und überarbeitete Fassungen zweier Vorträge, beide gehalten auf Einladung der Hamburger AfD-Fraktion am 6. Juni 2019 im Hamburger Rathaus unter den Titeln *Die Situation der Juden in Deutschland und Europa* bzw. *Wer wäre die „israelische AfD" und was könnte die AfD von ihr lernen?*

Daniel Pipes' Beitrag zu diesem Band erschien erstmals am 27. Januar 2019 unter dem Titel *Europe's Jews vs. Israel* auf der englischsprachigen Website der israelischen Tageszeitung *Israel Hayom*. Die hier vorliegende Übersetzung aus dem amerikanischen Englisch besorgte Artur Abramovych.

Personenregister

144

Glossar

Aliyah: Einwanderung nach Israel (wörtl. Aufstieg)

Babij Jar (russ.): „Weiberschlucht", Tal im Nordwesten von Kiew und Schauplatz eines von der SS durchgeführten Massakers an ca. 30.000 Juden im September 1941

Chabad: Rational orientierte Gruppierung innerhalb der orthodoxen Strömung des *Chassidismus*, entstanden Ende des 18. Jahrhunderts im russischen Zarenreich. Akronym aus den hebr. Wörtern für Weisheit, Verstand und Wissen. Verbreitet in Israel und den USA. Seit etwa 30 Jahren nimmt die Zahl der *Chabad*-Gemeinden in Deutschland beständig zu.

Eretz Israel: Das Land Israel, traditionelle Bezeichnung für das Gelobte Land

Haskalah: Jüdische Aufklärung Westeuropas, aus der das liberale Judentum hervorging (wörtl. Bildung)

Giur: Übertritt zum Judentum (von *lagur*, wörtl. wohnen (bei jdm.))

Kippah, Pl. *Kippot:* Kopfbedeckung männlicher Juden

Shoah: Jüdische Bezeichnung für den Holocaust (wörtl. Katastrophe)

Stetl (jidd.): Weitgehend jüdische bewohnte Kleinstädte, insbesondere in Osteuropa

Seder: Erster Abend des Pilgerfestes *Pessach*, das an den Auszug aus Ägypten erinnert (wörtl. Ordnung)

Tikkun Olam: Ethische Verpflichtung eines Juden, die Welt zu verbessern (wörtl. Reparatur der Welt), bezugnehmend auf den zweiten, universalistischen Teil des Gebetes *Aleinu*

Torah: fünf Bücher Mosis, der älteste Teil des Alten Testaments (wörtl. Lehre)

Yeshivah, Pl. *Yeshivot:* Höhere Bibelschule (wörtl. Sitz)

Autorenverzeichnis

ARTUR ABRAMOVYCH,

geb. 1996 in Kharkiv (Ukraine) als Sohn einer nachmaligen Zentralratsfunktionärin. 1998 als Kontingentflüchtling mit der Familie nach Deutschland eingewandert. Aufgewachsen in Emmendingen/Baden; studierte Deutsche Sprach- und Literaturwissenschaft, Geschichte und Philosophie in Freiburg i. Br., 2017 Bachelorarbeit über jüdische Stereotype im Frühwerk Thomas Manns. Derzeit M.A. Neuere deutsche Literatur in Bamberg. Mitglied der IKG Bamberg und von *Chabad* Freiburg. Mitglied der Deutsch-Israelischen Gesellschaft. Veröffentlichungen auf der *Blauen Narzisse*. Seit 2017 Mitglied der AfD; Landesvorstandsmitglied der Jungen Alternative Bayern. Stellvertretender Vorsitzender der Bundesvereinigung *Juden in der AfD*.

ORIT ARFA,

geb. in Los Angeles/Kalifornien als Tochter eines in Deutschland geborenen Sohnes von Holocaustüberlebenden und einer im Irak geborenen Israelin; studierte Judaistik und Journalistik; B.A. an der American Jewish University (Los Angeles); 1999 Umzug nach Israel und M.A. am Schechter Institute for Jewish Studies

(Jerusalem). Journalistische Tätigkeit insbesondere für englischsprachige Medien, mitunter die *Jerusalem Post*, das *Jewish Journal of Los Angeles* und das *Jewish News Syndicate*. Seit 2016 wohnhaft in Berlin und auch für deutschsprachige Medien tätig, mitunter für die *Jüdische Rundschau* und die *Achse des Guten*. Wichtigste Veröffentlichungen: *The Settler: A novel of modern Israel*, 2015; *Underskin. A German-Israeli Love Story*, 2017.

ALEXANDER BERESOWSKI,

geb. 1965 in Odessa (damals UdSSR); studierte an der Hochschule der Meeresflotte Odessa und arbeitete als Techniker und Ingenieur, zugleich erste Publikationen und Mitgliedschaft in der alternativen Schriftstellervereinigung *Krug* (Kreis). 1987 Gründung eigener Firma; 1991 Emigration als Kontingentflüchtling nach Deutschland. In Freiburg i. Br. Tätigkeit als Koordinator der ausländischen Redaktionen und Verantwortlicher für die Öffentlichkeitsarbeit von *Radio Dreyeckland* (*RDL*), zudem Mitglied der russisch- sowie der ukrainischsprachigen Redaktion. Späterhin Gründer von *Radio Shalom*, das jüdische Themen in deutschen Sprache erörterte, sowie Praktika bei den russischen Redaktionen von *Deutschlandfunk* und *Deutschland Radio Kultur*. Gründer der Liste „Aus-Länder", danach Mitglied des Ausländerbeirats Freiburg sowie der Pressekommission des Gemeinderats. Selbstständigkeit nach Umzug nach Stuttgart (zurzeit Tätigkeit im Ausland). Publikationen in mehreren Blogs in deutscher und russischer Sprache. Seinerzeit Mitglied der Israelitischen Gemeinde Freiburg, dann der IRGW (Stuttgart). Verheiratet, zwei Kinder. Seit 2013 Mitglied der AfD; 2014 Europa-kandidat und 2016 Landtagskandidat des Wahlkreises Stuttgart I (Stadtmitte); Mitarbeit in den Landesausschüssen der AfD für Integration und Inneres; Initiator der Resolution der AfD Baden-Württemberg „Gegen die Verfolgung von Christen und anderen Minderheiten" (im Orient).

WOLFGANG FUHL,

geb. 1960 in Weil am Rhein; seit 1978 techn. Angestellter in Lörrach und derzeit Betriebsratsvorsitzender eines mittelständischen Unternehmens. 2004-2013 Vorstandsmitglied der Israelitischen Kultusgemeinde Lörrach; 2007-2012 Vorsitzender des Oberrates der IRG Baden, in welcher Eigenschaft er den 2010 in Kraft getretenen Staatsvertrag zwischen dem Land Baden-Württemberg und der IRG aushandelte; 2009-2012 Mitglied des Direktoriums des Zentralrats der Juden in Deutschland; 2011 Erhalt des Landesverdienstordens Baden-Württemberg. Verheiratet, zwei Kinder. Seit 2013 Mitglied der AfD und Kreisvorsitzender der AfD Lörrach; 2016 Landtagskandidat, 2017 Bundestagskandidat. Seit 2019 Mitglied des Kuratoriums der Desiderius-Erasmus-Stiftung. Stellvertretender Vorsitzender der Bundesvereinigung *Juden in der AfD*.

BOAZ HAETZNI,

geb. 1957 in Jerusalem als Sohn des aus Kiel/Holstein gebürtigen und 1938 nach Israel geflohenen Rechtsanwalts Elyakim HaEtzni (gebürtig Georg Bombach), der nachmals zu den wichtigsten Begründern der Siedlungsbewegung gehörte und 1990-1992 Mitglied der Knesset war, sowie seiner Frau Zipora. Aufgewachsen in Israel; studierte Maschinenbauingenieurswesen in Be'er Sheva; 1986 Diplom. Tätigkeit in der Automobilindustrie, zugleich Aktivismus zugunsten jüdischer Siedlungen in Judäa und Samaria und Publikationen in diversen Zeitungen und auf diversen Websites. Wohnhaft in Kiryat Arba bei Hebron seit 1972; verheiratet mit Kadmelia, drei Kinder, fünf Enkelkinder.

MARCEL HIRSCH,

geb. 1970 in Kilikien (z. Z. türkisch besetzt) als Sohn armenischer Eltern, 1971 mit der Familie nach Deutschland eingewandert. Aufgewachsen im niederrheinischen Mönchengladbach-Rheydt zwischen Bonanzarädern mit Hirschgeweihlenkern und das Vulkan-Aussterben verursachenden Lavalampen; zeitweilige Rückkehr in die Türkei und Schulbesuch in Istanbul; studierte 1991-1994 Romanistik und Iranistik an der Freien Universität Berlin; anschließend Ausbildung zum Fachinformatiker Softwareentwicklung in Brandenburg. Nach mehreren längeren beruflichen Aufenthalten in den Niederlanden und Österreich

Tätigkeit als IT-Fachmann in Berlin. Mitglied der Jüdischen Gemeinde zu Berlin. Verheiratet, zwei Kinder. 2010-2012 Mitglied der Partei ‚Die Freiheit‘. Seit 2018 Mitglied der AfD.

VERA KOSOVA,

geb. 1982 in Taschkent (Usbekistan), 1998 als Kontingentflüchtling nach Deutschland eingewandert. Studierte 2003-2009 Humanmedizin in Gießen; 2005-2011 Promotion; 2010-2017 Facharztausbildung in der Inneren Medizin und Kardiologie am Universitätsklinikum Heidelberg. Liiert, zwei Kinder. Seit 2016 Mitglied der AfD; 2017 Wahl zur Sprecherin des Kreisverbandes Esslingen und Bundestagskandidatin des Wahlkreises Nürtingen; seit 2019 Mitglied im Landesvorstand der AfD Baden-Württemberg und Regionalrätin der AfD im Verband Region Stuttgart. Vorsitzende der Bundesvereinigung *Juden in der AfD*.

EMANUEL BERNHARD KRAUSKOPF,

geb. 1949 in Brüssel (Belgien) als Sohn eines aus Polen gebürtigen israelischen *Irgun*-Kämpfers und einer deutschen Jüdin. Aufgewachsen in Belgien, der Schweiz, Israel und Frankfurt/M.; studierte Maschinenbauingenieurwesen an der Technischen Hochschule Darmstadt; 1976 Diplom.

Berufliche Tätigkeit in der BRD, im Fernen Osten, Nordamerika und zahlreichen Ländern der islamischen Welt. Seit 2006 wohnhaft in Berlin und Mitglied der Jüdischen Gemeinde zu Berlin. Verheiratet mit einer amerikanischen Jüdin, vier Kinder. Seit 2013 Mitglied der AfD; 2017 Wahl ins Landesschiedsgericht des Berliner Landesverbandes; Mitarbeit in diversen Landesfachausschüssen. Mitglied im Vorstand der Bundesvereinigung *Juden in der AfD*.

DANIEL PIPES, geb. 1949 in Boston/Massachusetts als Sohn des aus Polen gebürtigen Historikers und Reagan-Beraters Richard Pipes; studierte Geschichte mitunter in Harvard, Freiburg i. Br. und Kairo; 1978 Dissertation über das islamische Mittelalter. Anschließend Lehrtätigkeit mitunter in Harvard und an der University of Chicago, Beratertätigkeit für etliche amerikanische Regierungen zwischen 1982 und 2005 sowie publizistische Tätigkeit als Kolumnist, mitunter für die *New York Times* und die *Washington Times,* und Buchautor, seit 1979 verstärkt mit dem Schwerpunkt auf dem modernen Islam. 1994 Gründung des *Middle East Forum*, das die Zeitschrift *Middle East Quarterly* herausgibt, Aufklärungsarbeit über den Islamismus leistet und islamismuskritische Akteure in den USA und ganz Europa unterstützt. Pipes gilt neben dem kürzlich verstorbenen Bernard Lewis als der bedeutendste Forscher auf dem Gebiet des radikalen Islam. Wichtigste Veröffentlichungen in deutscher Übersetzung: Verschwörung. Faszination und Macht des Geheimen, München 1998; Löwengrube. Eine westliche Sicht auf den Islam und den Nahen Osten, Berlin 2012.

DIMITRI SCHULZ,

geb. 1987 in Alexejewka (Kirgistan) als Sohn holländischer Juden. Aufgrund eines katholisch-deutschen Urgroßvaters väterlicherseits 1989 Einwanderung der Familie nach Deutschland als Heimatvertriebene. Aufgewachsen in Trossingen/ Baden-Württemberg; studierte Maschinenbau und Mechatronik an der Hochschule Furtwangen University in Villingen-Schwenningen; 2011 B.Sc. Noch während des Studiums Gründung eines Start-ups im Bereich der alternativen und individuellen Fortbewegungsmöglichkeiten. Berufliche Tätigkeit in über 30, mitunter muslimischen, Ländern; verheiratet, bisher ein Kind. Mitglied der Deutsch-Israelischen Gesellschaft. Seit 2014 Mitglied der AfD; 2016 Wahl zum Stadtverordneten Wiesbaden; 2018 Wahl zum Mitglied des hessischen Landtags. Mitinitiator der Bundesvereinigung *Juden in der AfD*.

OLLIE WEKSLER,

geb. in Kasachstan als Sohn russischsprachiger Juden aus der Ukraine. 1992 als Kontingentflüchtling mit der Familie nach Deutschland eingewandert. Studierte in Moskau Robotik und Informatik, Abbruch der Dissertation über Seismoakustik wegen der Auswanderung. Ausübung mehrerer Berufe, vor allem journalistisch-geisteswissenschaftlicher, von Filmkritik und Poesie (Finalist von *Puschkin in Britannien,* eines bekannten russischsprachigen Dichtkunstwettbewerbs in London) über Philosophie und Geschichte bis hin zu Sport und Politik. Tätigkeit als Webdesigner, zuletzt aber meistens als Informatiker. Veröffentlichungen in zahlreichen russischsprachigen, z.T. jüdischen, Zeitungen und Zeitschriften wie *Partnër* (Dortmund) und Websites wie *Jevrejskij Mir* (New York City), *Echo Moskvy* (Moskau), *Isskustvo Kino* (Moskau), *sem40* (Moskau), *Zametki Berkoviča* (Hannover), *Channel 9* (Modiin), *My zdes'* (Jerusalem); auch als Blogger bekannt. Wohnhaft in Hessen.